中学受験「伸学会」代表
菊池洋匡

小学生の勉強は習慣が9割

自分から
机に向かえる子になる
科学的に正しいメソッド

SB Creative

はじめに

あなたはお子さんの勉強について、こんな間違った考えを持っていませんか？

・志望校やクラスアップなどの目標があれば、子どもは積極的に勉強する。
・やる気や根気があれば、勉強にコツコツ取り組める。
・学年が上がれば、自覚が芽生えて勉強するようになる。

これらは、私の20年以上の受験指導経験において、たびたび見かけた、多くの親御さんがしている誤解の典型例です。残念ながら、ほとんどの場合そうはなりません。

5年生になり、6年生になっても、受験生としての自覚が芽生えずのんびりしている子どもと、焦りが募る親。

「○○中学校に行きたい」と口では言うのに、ともなわない行動。

そして、ついに怒りが爆発！

子どもを厳しく叱ってしまって、親御さんのほうも後になって自己嫌悪に陥ったり、子どもが反発して親子げんかが勃発したり。どんどん勉強嫌いになる子ども。悪化する親子関係。上がらない成績……。

中学受験をするご家庭によく見られる光景です。親子ともにとても苦しい状況でしょう。

なぜ、こんなにも多くの親子が、勉強についてうまくいかないのでしょうか？

良い成績を取りたいなら習慣を変える

その特に大きな要因の一つが、「習慣のメカニズムを知らない」ことです。

人の行動は、多くの部分が習慣に支配されています。

決まった時間になったらお腹が空き、お風呂に入り、歯を磨いて寝る。

冷蔵庫の中に「おやつは入っていない」とわかっていても、なんとなく冷蔵庫を開けてしまったりすることもあります（小中学生のころの私です〈笑〉）。

特に見たい番組がなくても、なんとなくテレビのスイッチをオンにしてしまうこともあります。

いつもそうしていることを、なんとなく繰り返したくなってしまうんですね。

同じことを繰り返せば、同じ結果になるのは当然のことです。

帰ってきたら冷蔵庫を開けておやつを食べる生活を続ける人は、やせません。

帰ってきたらテレビのスイッチをすぐにオンにする生活を続ける受験生の成績は、上がりません。

仮にたった1日おやつを我慢しても、たった1日勉強を頑張っても、**続けられなければ結果は変わらない**のです。

だから、「今の自分を変えて良い成績を取りたい」と思ったら、**習慣を変えていく**必要があります。

●人の脳は「現状維持」を好み、「変化」を嫌う

しかし、習慣を変えることは、**習慣のメカニズムを知らないと困難**です。なぜなら、習慣には、強力な「現状維持」の力が働くからです。

私たちの脳は「生存すること」に最適化しています。

悪い成績を取ろうが、受験で不合格になろうが、給料が低かろうが、太ってメタボな体型になろうが、**そんなことはお構いなし**です。

生き抜くことに成功できれば、それでいいのです。

そう考えると、「現状維持」は生存のためにとても有効な戦略です。

今、まさに生きている！　それが私たちの本能からすると大成功なのですから、

「この勝ちパターン、成功パターンを繰り返そう！」

そう判断し、**同じ行動を繰り返すことを好むのも当然**だと思いませんか？

変化したら死の危険が高まります。

私たちの脳ができた原始的な環境では、慣れない場所に行き、慣れない行動をすることは、危険な肉食獣に襲われたり、食料が手に入らなかったりするリスクが高い危険なことです。だから**変化することは嫌い**なのです。

そのため、表面的な私たちの意識が、今を変えたい！　成績を上げたい！　合格したい！　収入を増やしたい！　やせたい！　と考えていても、私たちの無意識や本能的な脳の働きが、現状維持を選んでしまうのです。

あなたが、あるいはあなたのお子さんが現状に満足しているなら、何も問題はありません。すでに十分優秀な成績を取れていて、それを維持できれば「合格」という理想の未来が手に入るのであれば、今の勉強習慣や生活習慣を続ければよいだけです。私たちの脳の「現状維持」を求める力は、理想の未来を手に入れるのを助けてくれます。

しかしそうではなく、**理想の未来を手に入れるために、現状を変えなければいけない**のであれば、日々の行動の習慣を変えていかなければいけません。では、どうすれば、現状維持の力を乗り越えて、習慣を変えていくことができるのでしょうか？

それが、私がこの本『小学生の勉強は習慣が9割』でお伝えするメインテーマです。

●「好ましい習慣を身に付ける」にはコツがある

この本では、**自分の行動をコントロールし、何度も繰り返すうちに習慣に結び付ける簡単な方法**を、シンプルにわかりやすく解説しています。

この方法は、ハーバード大学、スタンフォード大学、イェール大学など世界屈指の研究機関が行った実験・研究にもとづいており、誰にでも再現可能で、汎用性がとても高いものになっています。

参考にした研究の中には、「勉強に取り組むことができた場合」と「勉強に取り組むことができなかった場合」の比較などもあります。幅広い年齢層の学生を対象に行われており、勉強する習慣を身に付けたい子どもたちにも、参考にできる部分が多いでしょう。

ダイエットのために「甘いものの誘惑を我慢できた人」と「甘いものの誘惑を我慢できなかった人」の違い、といった研究もあります。

「食べたい」という本能的な欲求にあらがうのは困難なことです。

我慢できた人は何が違ったのでしょうか？　それを知ることは、日々、テレビやゲームやユーチューブの誘惑と戦う子どもたちにとっても、大いに役立つことでしょう。

「ジムに通う習慣を作ることができた人」と「ジムに通う習慣を作ることができなかった人」の違いを調べた研究も、学ぶことが多いものでした。

これらの研究からは、**一見すると大変そうな道のほうが、習慣化のためには実は楽な道であること**がわかります。多くの人は、「無理のない習慣」を作ろうとしたために、逆に習慣化に失敗しているのかもしれません。

この本の最も大きな価値は、**性格的にはコツコツと取り組むことに向いていない子でも、上手に自分をコントロールする方法がわかる**ことです。

成功するために必要なのは、生まれ持った頭の良さよりも、**努力を積み重ねること**です。これは、さまざまな研究の結果で示されていることです。

しかし、努力することは誰でもできそうに思える半面、実際のところは**努力できる性格かどうか**に大きく影響を受けます。

そして、性格の半分近くは、遺伝で生まれつき決まっていると言われています。

だとすれば、結局のところ、「努力できる性格」という才能を持って生まれた子が成功し、そうでない子は成功できないということです。

これは、なかなかつらい現実ですね。

「コツコツやるのが苦手」な子でも「努力する習慣」が身に付く

しかし、本書がお伝えする**習慣化テクニック**を使えば、**努力が苦手な性格の子でも、努力する習慣を身に付けることができます**。そのテクニックのいくつかをご紹介すると、例えば、

- やる気のスイッチを作る「if-then プランニング」
- 行動のリピート率を高める「即時報酬」
- 目的達成の邪魔になる「誘惑との戦い方」
- 習慣化を加速させる「頻度」
- 自己コントロール力を高める「2つの感情」
- 達成を引き寄せる目標の立て方の「5つのルール」

といった内容になっています。

これらのテクニックを使えば、**最終的には自分の性格を変えていくことすら可能**です。

「こらえ性がない」「集中力が続かない」「やるべきことを先延ばしにして遊んでしまう」

そんな困った性格の子にとって、この本は大きな助けになることでしょう。

・「クラスアップに向けて頑張る」と言っているくせに、口先ばかりで行動がともなわない。
・「○○時になったら宿題をやる」と言っていたのに、いつまでもダラダラ……。
・ユーチューブやゲームがいつまでもやめられない。

そんな子たちが、

・テストに向けて計画的に勉強を進める。
・宿題をため込まず、上手にペースを配分して消化する。
・遊びの時間を自分でコントロールする。

そんな風に変わります。

また、お子さんのためにこの本を読む親御さん自身も、自分の習慣を自在にコントロールできるようになり、健康的な身体や仕事における大きな成果を手に入れられるでしょう。

もしあなたが、お子さんを成績アップに導きたいなら、志望校合格に導きたいなら、きっと本書はお役に立つと思います。

あなたのお子さんが、人生で成功をつかむ一助になれば幸いです。

２０２１年11月　伸学会代表　菊池洋匡

ハルト！
塾の宿題しなくていいの？
ズガガ
ドカッ
ズキューーン
うーん
……
いつも、言われないとやらないじゃないの！
なんかやる気が出なくて
宿題していかないと、どんどんわからなくなるわよ
……そうなんだけど、そもそも、なんで勉強しないといけないんだっけ？
……。
べ、勉強しないと、行きたい中学校に受からないからよ
そうなんだけど…
なんか、合格できるのかわからないのに、頑張るのって意味あるのかなぁ、って思っちゃって

でっ、でも勉強しないと、そもそも受かるわけないでしょ～!!

うーん、そのような声かけですと、ハルトくんはなかなか勉強しないかもしれませんね……

えっ どちら様ですか…？

まぁ そんな細かいことはどうでもいいじゃないですか
ハルトくんが勉強しないのにはワケがあると思いますよ
この本を読んでもらえれば、必ず勉強できる子になります！

Let's go!!

あやしい！

大丈夫かな…

CONTENTS

第4章 習慣になるまで繰り返す秘訣

CONTENTS

第１章

「成功する人」に共通する特徴は何か？

我が子には将来幸せになってほしい、社会的な成功を収めてほしい……これは多くの親に共通する願いです。あなたも、きっとそう考えていることでしょう。この章では、「成功する人」に共通する特徴についての科学的な研究を紹介し、お子さんを将来、成功する人に育てるための指針をお伝えしています。

またゲームを……
ところで、お母さんはハルトくんにどんな大人になってほしいですか？
ピコ
ピコ
そうですね……
将来幸せになってもらえれば
キラ
キラ
社会的に成功すればなおよいですね
社会的に成功というと、お医者さん、弁護士さん、経営者とかですか？
法
本人が望んでいれば、どんな職業でもいいと思うんですけど、失敗してお金に困ったりするようだと、かわいそうだなと思います
そうですよね。では、成功しやすいのはどんな人か知っていますか？
うーん、そういわれるといまいちハッキリしない……頑張り屋さんとか？

そこがわからないと、どうすればいいかわからないですよね？
実は成功しやすい人というのは科学的に研究されていて、かなりわかっているんです
えっ⁉ そうなんですか？
はい。
ただ『頑張ればいい』というわけではないんです
さっそく解説していきましょう

1-1

成功を決めるのは才能？　それとも努力？

「我が子には将来幸せになってほしい。社会的な成功を収めてほしい」

これは多くの親に共通する願いです。この本を手に取ったあなたも、きっとそう考えていることでしょう。

子どもを成功に導くためには、**成功する人はどんな人なのか**を知っておいたほうがいいですよね。ですから、まずは「成功する人」の特徴についての科学的な研究を紹介しようと思います。

成功する人というのは、「きっとものすごい努力をして、苦労を重ねて、困難を乗り越えて成功したのだろう」――そう考えている人がたくさんいます。

一方で、「成功するのは才能に恵まれた一握りの人で、成功するかどうかは生まれつき決まっている」――そう考えている人もたくさんいます。

果たしてどちらが正しいのでしょうか？

「1万時間の法則」で有名なフロリダ州立大学（米国）の心理学者アンダース・エリクソン教授は、このテーマについての研究の第一人者です。

彼は音楽、バレエ、チェス、スポーツなどの分野で、「プロフェッショナルが優れた能力を獲得する方法」についての研究を行いました。

その結果、「超一流になるのに才能は関係ない。必要なのは卓越した努力である（例外的に才能が必要になるのは、適した体格が必要なスポーツ選手である）」と結論付けました。

例えば、韓国の囲碁のトッププレイヤーを対象にした2つの研究では、彼らのIQ（知能指数）の平均値は約93であり、一般人の平均値（100）よりもむしろ低かったという結果が紹介されています。

囲碁やチェスなどは、初心者レベルのうちはIQが高いほうが成長が早く、強くなるのですが、経験を積むにつれて、IQの高さと強さには相関関係がなくなるそうです。

そして、最終的に最も強くなるのは、IQが高い人ではなく、たくさん練習をした人です。

中学受験の勝者は「努力した」と思っていない子も多い

これは中学受験という場面においても同じだろうと思います。

中学受験という世界は、確かに才能のある子が有名難関中学校合格という成果を出しているように見えます。

しかし、そういった子たちも、何もせずに高い能力を持っているわけではありません。

成績が良い子たちにヒアリングしてみると、小さいころからクイズ、パズル、読書などの頭を使う遊びが好きで、自然と能力が育っていたとか、幼児教室やピアノ、水泳などの習い事に通っているうちに能力が磨かれたとか、何かしらの理由があります。

こうした場合は、本人にも「努力をした」という意識がないことも多いので、生まれつきの才能のように見えてしまうのかもしれません。

でも、高い能力を獲得するための訓練が、その背景には必ずあるのです。

さらに、「一を聞いて十を知る」という言葉が示すように、能力が高い子は、同じことを習っても、より多くのことに気が付き、理解を深め、習得していきます。

高い能力があることで吸収力が高まり、その後の努力の成果が大きくなります。

このことは、1人の子どもの成長の過程でも同様です。年齢とともに能力が成長していくにしたがって、吸収できることが増えていきます。

例えば、小学生から高校生にかけての算数・数学の学習をイメージしてください。

小1が1年の間に習うことは、足し算・引き算や時計の読み方が中心です。

それが小4になると、分数や小数のかけ算・わり算を習い、「つるかめ算」「過不足算」「和差算」「植木算」「方陣算」など、さまざまな特殊算を習います。三角形や平行四辺形などの図形の特徴や面積の求め方も習います。

成績が良い子は、その高い能力を獲得する過程で何らかの訓練をしていることが多い

高2になると、数学ⅡBの範囲は「図形と方程式」「三角関数」「指数関数・対数関数」「微分」「積分」「数列」「平面・空間ベクトル」といった内容になります。

1年間で身に付けることがどんどん増えていますよね。

能力が育つことで成長が加速することの表れです。

努力ができる子にする —— でもどうやって？

つまり、まとめるとこういうことです。

才能×努力＝能力
能力×努力＝成果（成績）
↓
才能×努力×努力＝成果（成績）

成果に対して、より影響が大きいのは、才能ではなく努力のほうです。

才能は「スタートラインが少し前のほうにある」というだけにすぎません。

運動会の「短距離走」でスタートラインに違いがあったら、勝敗に与える影響は大きそうですね。でも、マラソン大会のような「長距離走」であれば、スタートラインの違いによる影響は微々たるものになります。

受験での勝敗も同じように、中学受験、高校受験、大学受験と、あとになればなるほど、積み重ねた努力が結果を左右します。まして、社会に出て一流のプレイヤーになれるかどうかは、「努力のみによって決まる」と言っても過言ではないと私は考えています。

もし、お子さんの将来の成功を願うのであれば、**努力ができる子に育てること**を最優先に考えてみてください。

では、努力ができる子とは、いったいどんな子でしょうか？

ポイント

- 才能はスタートラインが少し前にある程度のもの
- 長い目で見れば才能よりも努力が成果に大きく影響する
- 親が考えることは「どうしたら努力できる子になるか」

1-2 「マシュマロ・テスト」は人生の成功を予見する

努力できる子こそが、長期的に見れば成績優秀な子に育ち、将来的にも成功するということがわかりました。次に考えるのは、「じゃあ努力ができる子とはどんな子？」ということですよね。努力ができる子とは「**我慢強い性格の子**」です。「自己コントロール力の高い子」と言い換えてもよいかもしれません。

そのことが簡単にわかる有名な実験があるのでご紹介します。スタンフォード大学（米国）の心理学者ウォルター・ミシェルが行った「**マシュマロ・テスト**」です。マシュマロ・テストは、4歳くらいの子を対象にしたこんな実験でした。

① 被験者である子どもを、気が散るようなものが何もない、机とイスだけの部屋に通し、イスに座るよう伝えます。机の上にはお皿があり、マシュマロやクッキー、プレッツェルのような、その子が好きなお菓子が1個、載っています。

② 実験者は「私はちょっと用がある。そのお菓子はあなたにあげるけど、私が戻ってくるまで15分間食べずに我慢したら、もう1つあげる。私がいない間にそれを食べたら、2つ目はなしだよ」と言って部屋を出ます。

子どもたちはお菓子をもう一つ欲しいので、「今すぐおいしいお菓子を食べたい誘惑と戦う」ことになります。果たして我慢できるのでしょうか？

このマシュマロ・テストで、誘惑に勝ってお菓子をもう一つ獲得できた子は、3人に1人ほどでした。

自己コントロール能力が高い子は成功しやすい

マシュマロ・テストはもともと、幼児期における子どもの自己コントロール力の発達を調べる目的で行われましたが、その後の追跡調査で、**目の前の誘惑を我慢できた自己コントロール力の強い子たちは、成績優秀に育ち、大人になってからも社会的に成功する傾向がある**ことがわかりました。

「自己コントロール力が将来の成功につながる」とする研究は他にもあります。デューク大学（米国）の心理学者テリー・モフィット教授らによりニュージーランドで行われた研究では、子どもの自己コントロール力を、マシュマロ・テストではなく、親や保育士などの評定によって測定しました。それらの子どもを32歳になるまで長期間にわたって追跡し、32歳の時点における社会的地位、収入、健康状態、犯罪歴などを調べました。

その結果、幼児期に自己コントロール力が強い子どもは、大人になったときの年収や社会的地位が高く、家を所

マシュマロ・テストで誘惑に負けなかった子は、大人になってから社会的に成功しているケースが多かった

有している確率が高く、循環器系疾患や呼吸系疾患などのリスクが低く、肥満にもなっていなかったそうです。

また、書籍『やりぬく力：GRIT』で有名な心理学者アンジェラ・ダックワースが行った研究にも、こんなものがあります。

ダックワースは、被験者である中2の子たちのIQと自己コントロール力を調べ、のちの学力などの指標にどちらがより大きく影響するかを分析しました。

その結果、IQの高さも自己コントロール力の高さも、のちの学力に影響がありましたが、自己コントロール力のほうがより影響が大きいことが明らかになりました。

人生の成功にとりわけ重要なのは「勤勉であること」

さらに、ノーベル経済学賞を受賞したジェームズ・ヘックマンの研究でも、IQと性格では、性格のほうが人生の成功において格段に重要であることが示されています。

この研究は数万人の子どもを対象に、子ども時代のIQや性格、その後の収入や健康状態などの十数年にわたる記録を分析したものです。

成績、収入、体の健康状態、メンタルの健康状態など、さまざまな項目で、**性格のほうが格段に影響が大きかった**そうです。中でも影響が大きい性格特性は「**勤勉であること**」で、これは自己コントロール力とほぼ重なるものです。

このように、**自己コントロール力は学力や健康状態、社会的成功、良い人間関係の形成などにつながる**ことが示されています。

目先のテレビやゲームの誘惑を我慢して勉強に取り組める子は成績が良くなりますし、目先のおいしい食べ物やお酒を我慢し

IQ＜性格。特に勤勉であればあるほど社会的に成功しやすい

てヘルシーな食生活ができる人は健康になるということですね。

となると、次に考えるべきは、**「子どもの自己コントロール力を育てるためにはどうしたらよいか？」**ということですよね。生まれつき我慢強い性格ではなかったとしたら、どうしたらよいのでしょうか？

ポイント

- マシュマロ・テストで誘惑に勝てた子どもは3人に1人
- 我慢強い子は、将来成績優秀になりやすい
- 人生の成功に重要なのは「勤勉であること」

1-3

「マシュマロ・テスト」に成功した子がやったことは？

「我慢強い子は、成績優秀になる可能性が高い」とわかりました。では、あなたのお子さんはどうでしょう？　我慢強い子ですか？　残念ながら、我慢強い子なんてそうそういませんよね。

かく言う私も、我慢強さにはまったく自信がありません。結婚してから少しはマシになりましたが、独身時代はお酒の誘惑に連戦連敗で、しょっちゅう飲み過ぎてしまっていました（苦笑）。

「我慢強くなければ、人生で成功できない」というのであれば、私の人生はもう終了です！　それは困る！

我慢強さ抜群の人なんて少数派ですから、あなたのお子さんも、そしてあなた自身も、きっと**私と同じように誘惑との戦いに苦労**しているんじゃないかと思います。

では、そういう普通の子や普通の人はどうしたらよいのでしょうか？

我慢強くない普通の子は、行動を戦略的に計画しておく

その方法が、

ステップ①　戦略的に行動計画を決めておく
ステップ②　良い行動を習慣化する
ステップ③　習慣を性格レベルに落とし込む

というステップです。

ステップ①の「戦略的に行動計画を決めておく」だけでも大きな効果がありますが、ステップ②、③と進むにつれて、より絶大な効果となっていきます。

1-2で「我慢強い性格の人ほど、目先の誘惑に負けない」と言ったことをひっくりかえすようですが、実はそれはあくまでも長期的な時間軸で見ればの話です。

確かに我慢強い性格の人のほうが、そうでない人に比べて誘惑に打ち勝つことが多いでしょう。

しかし、短期的に見れば、次の行動がどうなるかが、性格によって受ける影響はとても小さくなります。これは「意志が強い人でも食べ過ぎちゃうことはある」「温厚な性格の人でも怒るときは怒る」といったことをイメージしていただけるとわかりやすいのではないでしょうか。

結局のところ、**目先の行動に対してより大きな影響を与えるのは、性格よりも、そのときの状況・環境**なのです。

例えば、先ほどのマシュマロ・テストの場合だと、成功した子たちの多くはマシュマロ以外に注意を向け、気を紛らわせるようにしていました。マシュマロをジーっと見てしまった子の多くは失敗してしまったのです。

マシュマロの誘惑に正面から戦うような状況になってしまったら、その時点で勝ち目は薄いということがわかります。

誘惑と正面から戦ってはいけない

では、誘惑に勝つためにどうしたらよいかというと、「マシュマロを遠くに置く」「見えないところに隠す」「歌を歌って注意をそらす」などなど、**そもそもマシュマロの誘惑と戦わない戦略をとればよい**のです。

これはマシュマロ・テストに限った話ではなく、あらゆる場面で有効です。

より良い行動を選択できるようにするために、「**戦略的な行動計画**」を準備しておきましょう。くわしくは**第3章**で説明します。

マシュマロ・テストに成功した子の多くは、「マシュマロを食べたい」という誘惑と直接戦わず、マシュマロから気をそらすようにした

事前に「こういう状況になったらこうする」というマイルールを決めておいたり、誘惑が多い環境から自分を遠ざけておいたりすることで、**我慢強くない性格の子でも、良い行動を選択できる確率がグッと上がります**。

そして、それを積み重ねることで、目標を達成できる確率もまた大きく上がります。成果が出れば、勉強がどんどん楽しくなります。

ぜひ、今日から始めてみてください。

ポイント

- ☑ 目先の行動に大きな影響を与えるのは、性格よりもそのときの状況や環境
- ☑ 誘惑と正面から戦わないようにする
- ☑ 戦略的に行動計画を決めておく

1-4

良い習慣を作ると効率良く行動できる

さて、「戦略的な行動計画」で目先の行動をコントロールできるようになったら、次に目指してほしいステップが、**良い行動の習慣化**です。

あなたにはどんな習慣がありますか？

良い習慣、悪い習慣……いろいろあるはずです。ちょっと考えてみてください。

寝る前には歯を磨く、お風呂に入る……こうしたちょっとしたことも、健康につながる大切な良い習慣です。

逆にありがちな悪い習慣としては、寝る前にスマホをいじってしまうとか、日常的にお菓子を食べてしまうとか……。何かしら心当たりはないでしょうか。

良くも悪くもない習慣も、人はたくさん持っています。いつもズボンをはくときは右足からはきますか？　左足からはきますか？　クツはどうでしょう？　いちいち「今日は右足から」などと考えたりせず、だいたい無意識に同じ側からはいていますよね。

人の行動は、実に**90％以上が無意識の習慣で動いている**といわれています。

●無意識に行う行動はエネルギー消費が少ない

なぜ、人はこんなにも無意識の行動が多いのでしょうか？

それは、私たち人の脳はとても優秀で、なるべく余計なエネルギーを使わないようにできているからです。日々の行動の選択において、よく考えて決断するのは非常にエネルギーを使います。ですから、私たちは普段はなるべく考えずに、無意識の習慣で動くようになっているのです。

この「習慣の力」はとても強力です。**もし良い行動を習慣にすることができてしまえば、私たちはそれを楽に反復・継続することができます。**

「ズボンをはくときはまずは右足からはく」のと同じように、「塾から帰ったら、まずはその日の復習をする」といった習慣を身に付けることができたらどうでしょうか？「塾から帰ったら、まずはゲームをする」よりも、ずっと成績が上がりそうですよね。

では、どうすれば良い行動を習慣にすることができるのでしょうか。

それが本書のメインテーマです。

●良い習慣を作るためのノウハウがある

習慣は行動の反復によって作られます。行動の反復によって習慣が生まれ、習慣によって行動が反復される。行動と習慣はそういう関係になっています。しかし、一回一回の行動は、目先の誘惑に流されがちです。だから、人には悪い習慣が身に付きやすく、それを変えることは容易ではないんですね。

そこで重要になってくるのが、「習慣化の技術」です。

無意識の行動は、脳が決断する必要がないため、エネルギー消費が少なく効率的

シカゴ大学（米国）のケイトリン・ウーリーとアイェレット・フィッシュバッハの最近の研究でも、良い習慣を作るのが上手な人とそうではない人の特徴が指摘されています。

この研究によると、**我慢強い性格の人でも、長期的な習慣作りには失敗しがち**であることがわかりました。

良い習慣を作るのが上手な人は、いったいどんなことをしているのでしょうか？

第3章でくわしくお伝えします。

「戦略的な行動計画」で一回一回の行動を良いものに変えていくことができるようになったら、次はそれを「習慣化の技術」によって、習慣のレベルにまで高めましょう。

ポイント

- 人の行動は90％以上が無意識の習慣
- 良い行動を習慣化できれば、楽に反復・継続できる
- 長期的な習慣作りは難度が高い

1-5

良い習慣は「性格」をも変えてしまう！

良い行動の習慣化ができたら、最後のステップは、性格を変えてしまうことです。

「性格を変える」——果たしてそんなことができるのでしょうか？

その答えは「ＹＥＳ」です。

確かに人の性格というのは、変わりにくいものではあります。そもそも性格の半分近くは、遺伝的な特性によって決まっていることもわかっています。

しかし、これは裏を返せば、**半分は後天的に決まる**ということでもあります。

「三つ子の魂百まで」と言われたりもしますが、実際のところ、性格は幼少期に形成されたら固定されてしまうというものでもありません。

イリノイ大学（米国）のブレント・Ｗ・ロバーツ博士らが行った研究では、時間が経つと性格が変わっていくことが示されています。年齢が若いほど性格に変化があったそうですが、高齢者でも性格が変わることはありました。

こうしたことから、「性格は、本人の努力次第で変えられる。子どもであればいっそう変えやすい」と考えられます。

せっかくですから、自分が「こうなりたい」と思う性格に変えていきたいですね。

どうやって性格を変えるのか？

では、実際に性格を変えていくにはどうすればよいのでしょうか？

その方法が、**なりたい性格に合わせた習慣を作ってしまう**ことなのです。

「初めは人が習慣を作り、それから習慣が人を作る」

「習慣は第二の天性なり」

「習い性となる」

洋の東西を問わず、同じようなことが昔から言われています。これは確かに真実を含むものであることが実験で確認されました。

イリノイ大学（米国）のネイサン・W・ハドソン博士らは、学生たちを対象に16週間にわたる実験を行いました。最初に性格テストを受けてもらい、16週間後にあらためて性格テストを受けると、「性格を変えたい」と思っていた実験参加者ほど、実際に性格に変化が見られたそうです。

しかも、「戦略的な行動計画」のような、行動を変えるためのサポートを行うと、望ましい行動をとる確率がグッと高まり、それにともない性格の変化も大きくなりました。

行動から性格を変えていけたのです。

行動を習慣化すると、それに合わせて性格も変わってくる

前節までに書いたように、性格が我慢強くなく、コツコツやることが苦手な子でも、戦

性格は本人の努力で変えられる。「なりたい性格にふさわしい行動」を繰り返して習慣化すれば、いずれ「なりたかった性格」の持ち主になる

略的な行動計画で望ましい行動ができるようになります。そして、その行動を習慣化し、継続していけば、性格もそれに合わせて変わっていきます。

コツコツ勉強できる「我慢強い性格」だけでなく、誰とでも仲良くなれる「社交的な性格」でも、いろいろなことを楽しめる「好奇心旺盛な性格」でも、**その性格にふさわしい行動を繰り返すことで、自分がなりたい性格になれます**。

習慣化の技術を使って、お子さんの、そして自分の性格を変えていきましょう。

ポイント

- 性格の半分は後天的に決まる
- なりたい性格に合わせた習慣を作る
- 性格は行動から変えていける

1-6 習慣を作る技術が人生を楽しくする

ここまでお読みになって、「戦略的な行動計画」と「習慣化の技術」に大きな力があることがおわかりいただけたでしょうか。人生の成功を決めるのは、「頭の良さ」ではなく「努力を積み重ねられるかどうか」です。

ただ、努力を積み重ねる能力である「我慢強さ」もまた、持って生まれた性格であり、これも「才能だ」と考えれば、生まれたときにその子が将来的に成功するか失敗するかは、すでに決まっているということになってしまいそうですね。

しかし、それは違います。

行動を習慣化して反復・継続する

自分の行動は「技術」によってコントロールできます。必ずしも性格に振り回されるというものではありません。そして、その一回一回の行動を習慣化し、反復・継続することもまた「技術」でできます。

さらに、行動の反復・継続によって、持って生まれた性格をあとから自分の望む性格に変えていくこともできるのです。

性格が変われば、行動計画を決めていなかった場面において、自然に選択する行動も変わっていきます。あらゆる場面で、自然に、当たり前に選択する行動が良い行動になれば、勉強でも仕事でも、あるいは自分の健康管理や周囲との人間関係の面でも、すべてのことがうまくいくようになります。

何でもうまくいけば、人生が楽しくなりますよね。

あなたのお子さんに、そんな人生をプレゼントしてあげたいと思いませんか?

もしそうお考えであれば、次章からお伝えする一連の技術を、ぜひ、お子さんに教えてあげてください。

「頑張り」は長く続かないから習慣化する

最も重要でコアとなるのが「習慣化の技術」です。

短期的な行動は「戦略的な行動計画」でコントロールできます。しかし、それは一時的に「頑張っている」にすぎません。「頑張る」というのは「普通ではない」という意味が裏に含まれています。つまり、長期的に維持されるものではないということです。

例えば、定期テストの前、1〜2週間だけ一時的に勉強を頑張る子は、長期的に当たり前のように勉強する子に勝てるでしょうか？　もちろん勝てません。勝つのは当たり前のように勉強する子のほうです。

これは何事も同じです。

夏に向けて1〜2か月だけダイエットを頑張る人と、長期的に当たり前に食事と運動に気をつかう人を比べても、同じことが言えます。結局、**勝つのは「当たり前の習慣」のレベルが高い人**です。だから、「戦略的な行動計画」よりも、「習慣化の技術」がより

頑張ることは大事だが、頑張りだけに頼っていると、長期戦では破綻する。
習慣化することで省エネし、当たり前のように勉強ができるようにする

いっそう重要になります。

また、性格がいつからどのくらい変わるかとか、それによりその後の行動がどう変わるかなどは、意識してコントロールできません。「いずれそうなる」というだけです。しかし、習慣は意識してコントロールできます。だから、**性格の変化は習慣化のご褒美《ほうび》**くらいのつもりで考えて、習慣化に意識を集中したほうがよいでしょう。

今日から習慣化の取り組みの第一歩を踏み出してくださいね。

ポイント

- 行動を習慣化する
- 習慣化した行動は性格をも変える
- 性格の変化は習慣化のご褒美

第２章

「目的」と「目標」の違いと役割

この章では、勉強の習慣をつけるための前段階として、目的と目標の違いと、それぞれの役割についてお話ししています。「自分が手に入れたい理想の状態」と「勉強すること」が結びついていなければ、勉強を自分事としてとらえることができず、やる気がわいてきません。目的と目標と現在地点をしっかり把握し、お子さんのやる気を引き出しましょう。

努力できる子は、ただ頑張ってるだけじゃなくて、上手に誘惑と付き合っていたのね……
そうですね。誘惑には大人だって弱いものですから……
アアーツ
ぼくの場合はぬいぐるみです
はあ…
私も、目の前のお菓子とか食べるなって言われても難しいですからね
その誘惑も、この行動計画でかわせると思いますよ！
お菓子が目の前に出てきたら、その場を立ち去るとか……。誘惑をうまくかわせるようになったら、良い行動の習慣化です

性格まで変えることができるなんて驚きました！
行動の習慣化はとても重要なんです
ところで、習慣化の最初の一歩を踏み出すのに必要なことってわかりますか？
習慣
エッ
意識して習慣になったことってあるかしら？　わからないわ……
では、今回はそこから説明していきましょう！

2-1

まずは「目的」を確認しよう

さて、それでは習慣化に向けて動き出しましょう。

まず初めにするべきは、「目的」を確認することです。目的がないと、習慣化に向けた最初の一歩を踏み出すことすらできません。まずは明確に、「こうなりたい」「これがしたい」という思いを持たせることが必要になります。

では、ここで考えてみてください。あなたのお子さんに**勉強する目的**はありますか？

●「なんで勉強なんかしなきゃいけないの？」への正しい答え

ここで気を付けなければいけないのは、「成績を上げる」とか「将来のためになる」は、**目的になるとは限らない**ということです。

典型的な目的意識がない子は、よくこういったことを言います。

「なんで勉強なんかしなきゃいけないの？」

あなたもお子さんに言われたことがあるかもしれませんね。

こうしたときに親が、勉強をするメリットとして「成績が上がる」「将来のためになる」と説明してあげても、多くの場合、子どもが「わかったよ！」と納得することはありません。

それには2つの理由があります。

1つ目の理由は、こうしたことを言う子どもの気持ちは、「**ただ不満を言いたいだけ**」だからです。本当に「理由が知りたい」わけではないのですね。このケースに限らず、子どもの「なんで？」は、半分くらいは不満な気持ちの表れです。

「ご飯を食べられなくなるから、ご飯の前にお菓子は食べちゃダメよ」

「えー!?　なんで!?」

こんなやり取りも「ただの不満」の典型ですね。何しろ、「ダメ」の前にちゃんと理由を言っているわけですから。

「不満」という気持ちに対して、正論をぶつけたところで、気持ちが変わるはずはありません。

2つ目の理由は、「なんで?」と言いながら、子どもは「その理由をすでに知っている」からです。

勉強すると良い成績が取れる。良い成績を取ると、良い中学校、良い大学、良い会社に行ける。そうすると、将来の選択肢が増えたり、将来、お給料がいっぱいもらえたりする。

そうしたことを、子どもは知っています。不満が高まっているときではなく冷静なときに聞いてみると、ちゃんと本人が口で説明できます。

すでに知っていることを、あらためて親や先生が教えてあげたところで、あまり意味がありませんよね。

●わざわざ聞いてくるのは納得していないから

では、理由を知っているのになぜ勉強しなければいけないことに不満を感じるかというと、知ってはいるけど納得はしていないからです。その勉強するべき理由が、自分事になっていないのですね。

ちょっとこんな状況を想像してみてください。

お酒とタバコがやめられず、年とともにメタボな体型にもなってきてしまった人がいるとします。

健康診断で医者からは「お酒とタバコは控えてください。運動もして、体重を減らさなきゃダメですよ。このままじゃ生活習慣病まっしぐらです」と、毎年叱られます。しかし、なかなか生活を変えられません。

「お酒とタバコをやめて、やせたら、健康になれるのはわかっている。でも健康になったからといって、その先に何があるんだ？　好きなことを我慢して長生きしたって、つまらない人生が長引くだけじゃないか。だったら好きなことをして楽しく生きて、早く死んだほうがいいじゃないか」

こんな方、おそらく世の中にたくさんいらっしゃいますよね。こうした状況が、「**わかってはいるが、納得できていない**」という状況です。

●勉強する目的がないと、自分事として頑張れない

目的とは「**自分が手に入れたい理想の状態**」と言い換えることができます。

「成績が良い自分でありたい」と思っている子にとっては、「良い成績を取ること」自体が目的になります。

また、「〇〇中学校という難関校に入学すること」が「手に入れたい理想」であれば、「良い成績を取ること」はそのための手段であり、通過点ということになります。さらには、「将来、医師になること」が「手に入れたい理想」であれば、医学部合格実績の多い「〇〇中学校という難関校に入学すること」もまた、そのための手段であり、通過点ということになるでしょう。

逆に知的好奇心から「勉強そのものが楽しい」と思っている子は、勉強自体が目的となっています。そうした子にとっては、「良い成績を取ること」は、目的の先にある付随的な結果にすぎません。

この中の「どれが良くて、どれがダメ」ということはないのですが、いずれにせよ「自分が手に入れたい理想の状態」と「勉強すること」が結びついていなければいけません。自分の理想と結びついていないと、自分事としてとらえることができず、初めの一歩を踏み出そうという気持ちがわいてこないからです。

ですから、あなたのお子さんに、まずは**目的意識を持たせる**ことから始めましょう。

目的をうまく設定できれば　グングン伸びる

これまでの私の教え子の中でも、「あの中学校に行きたい」といったわかりやすい目的ができてから、勉強への取り組みが良くなっていった子たちが何人もいます。

私が経営する塾「伸学会」に通っている子の中には、親や先生が「そうしろ」と言っているわけではないのに、授業がない日にも塾に「休日出勤」して、ひた

勉強する目的＝自分が手に入れたい理想の状態がはっきりすると、
自分事としてとらえることができ、勉強への取り組みが向上する

すら勉強しているような子もいます。

あなたのお子さんも、そんな風に変わっていくことができます。

「でも、そう言われても、どうすれば目的意識を与えられるかわからない……」

そんな風に悩んでしまうかもしれませんね。

そこで次節では、そんな方のために、子どもに**目的意識を持たせるためのヒント**をお伝えしようと思います。

ポイント

- ☑ 子どもの不満に正論で答えても、子どもは納得しない
- ☑ 勉強する「目的」を確認する
- ☑ 「目的」は子どもが「手に入れたい理想の状態」

子どもが「やる気」を出す「3つの要素」

自分の心の内側からわき出るやる気を「**内発的動機付け**」と言います。

この内発的動機付けを持つためには「①自律性」「②関係性」「③有能感」の3つの要素が重要と言われています。それぞれ、

①自律性＝自分で選ぶこと

②関係性＝周囲の人間関係がうまくいっていること

③有能感＝やればできると思えること

くらいにザックリと考えていただければ大丈夫です。これらが1つ、2つと満たされるほどやる気がわき、**すべて満たされていると最高にやる気が出ます**。この3つの要素を満たすために、親は何を心がければよいのでしょうか？

まずは本人に任せて、うまくいかなければその都度修正

まずは、自律性の感覚を満たすために、**勉強そのものへの選択権を可能な限り子どもに与える**ことです。「勉強を何時から始めるのか」「どの科目から始めるのか」「どんな風にやるのか」を子ども自身に選ばせましょう。

「ノートに書きなさい」「式を書きなさい」「字はていねいに書きなさい」などなど、指示・命令があればあるほど勉強がつまらなくなります。例えば「式は書いたほうがいいよ」といったアドバイスをするときには、「なぜ式を書いたほうがいいのか」メリットをしっかり伝えつつ、最終的にどうするかは本人に任せるのがよいでしょう。もしそ

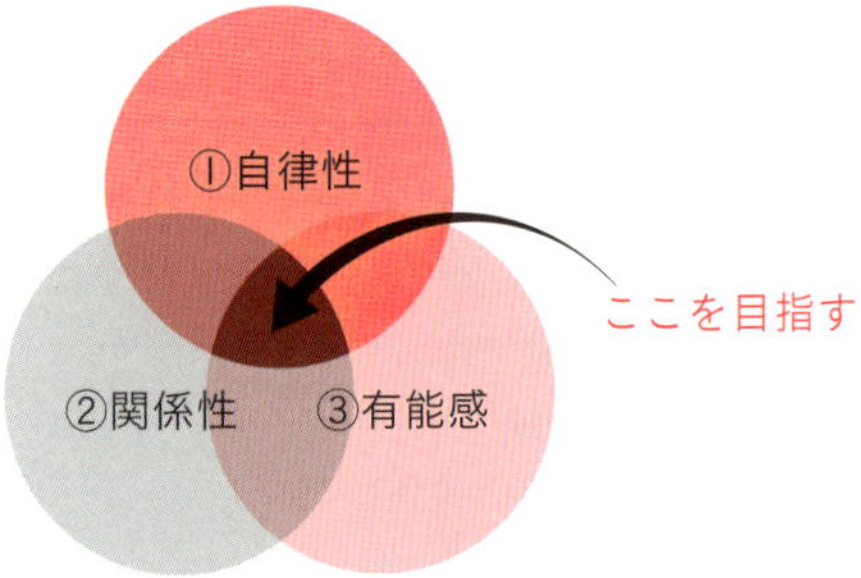

親と良好な関係を作れている子どもが自分で決めた達成可能な目標であれば、間違いなくやる気を出して取り組んでくれる

のアドバイスに子どもが従わなかったとしたら、そのときではなく、「そのせいで計算ミスした」といった**不利益があったときに反省会をする**とよいですね。**自分で選んだ感覚があるほど、勉強自体が楽しくなります。**

勉強した先にあるゴールを決める場合にも、同様に自分で選ばせるようにしましょう。やる気を引き出すためには「本人に決定権がある」ことが重要です。

中学受験をすることを親が決めて、本人が納得しないうちに塾通いがスタートするというケースは、多数派ではないでしょうが、少なからずあると思います。そうしたケースは高確率で子どもの勉強への意欲は低くなります。やりたいと思ってもらえるように、受験するメリットを伝えつつ、授業を体験した感想なども聞きながら、**最終的にどうするかは本人に任せる**のがよいでしょう。

志望校を決める場合も同じですね。文化祭などの行事に足を運ぶなど、本人が「行きたい」と思う学校に巡り合うのをサポートしましょう。

将来の夢が先に決まっている子であれば、「目の前の勉強を頑張ることが、夢の実現にどうつながるのか」を教えてあげるとよいでしょうね。これについては次の**2-3**であらためてくわしくお伝えします。

子どもが「できていること」を褒めてあげる

次に、親子関係を良好に保つことを心がけましょう。

これまで私が見てきた教え子の中には、お父さんやお母さんがいつも「勉強しろ」と言うのがわずらわしく、「**自分が勉強を頑張ると親は喜ぶ。でも、親に喜ばれると自分が負けたように感じて腹立たしいから、勉強したくない**」と言う子もいました。

自分が好きな人や尊敬する人から「こうするといいよ」と勧められれば「やってみよう」という気になりますが、嫌いな人から同じことを言われると、理屈ではそれが正しいとわかっていても、やりたくなくなる――これは大人も子どもも共通の感情ですよね。

「子どもの悪いところを直してあげなきゃ……」といった気持ちが強くて、ついつい子どもができていないところを指摘しがちなお父さんやお母さんもご注意ください。「いつも粗《あら》探しをして怒るから嫌い」と思われてしまうかもしれません。

また、親ではなく、できていない自分が嫌いになって、自信を失ってしまう場合もあります。どちらに転んでも、やる気を出すためにはよくありません。

関係性をよくするためには、できていないところの指摘よりも、**できているところを認**

めて褒めることを意識するほうがよいでしょう。

親子の関係性を良好に維持したうえで、「あなたはこういう目標を目指すとよいと思う」といったアドバイスをすると、子どもはそれを受け入れやすくなるでしょう。

ハードルが高すぎる目標にしないよう注意

最後に、有能感を満たすために、「自分はやれている」「次もやればできそうだ」という自信を子どもに持たせましょう。目標は達成可能なものに設定して、成功体験を積み重ねるようにしましょう。

最初からチャレンジングな高いハードルを課してしまう親御さんがときどきいますが、そのやり方はうまくいかない場合のほうが多いです。

「やったらできた」という経験が増えるにしたがって、子どもは高いハードルにもチャレンジできるようになっていきます。焦らず1段ずつハードルを上げていきましょう。

以上、内発的動機付けを高める3つの要素でした。これら3つを意識しながら、**お子さんの中にうまく目的意識を作ってあげてください**。

なお、さまざまな研究により、「**なぜそれをするべきか**」を考えると、「どうやってそれをするべきか」を考えるよりも、モチベーションが上がることがわかっています。

例えば、「人生にとって健康が必要な理由」を考えてもらったグループは、「健康になるための方法」を考えてもらったグループよりも、目先の誘惑に負けなくなりました。

成績を上げるために「どんな勉強をするか」を考えることは大事ですが、誘惑に負けずに勉強計画を実行する意思の強さを持つためには、「**なぜ勉強をするのか**」という目的意識を持つことがとても大切です。

最初の一歩を踏み出した後、二歩目、三歩目と進むことを後押ししてくれますので、**目的の再確認**もときどきしてくださいね。

ポイント

- ☑ 勉強についての最終的な判断を子ども自身にさせる（親がアドバイスするのは可）
- ☑ 親子の良好な関係性ができていなければ作る
- ☑ 目標は子どもが実際に達成可能なレベルから始める

2-3

「目的」と「目標」の違いは？

目的がしっかり決まったら、次に目標を設定していきましょう。目的と目標は似たような意味ですが、使い分けたほうが、より目的に到達しやすくなるのでお勧めです。

「自分から中学受験をしたいと言い出したのに勉強しない」
「〇〇中学校に行きたいと言っているくせに勉強しない」

そんなお悩みはありませんか？　これは多くの家庭でありがちなことで、私もたびたび相談されます。

その大きな原因の一つが、目的に向けた目標がしっかり設定されていないからです。

●目的は「最終的なゴール」、目標は「そのためのチェックポイント」

先ほどお伝えしたように、目的とは、最終的にたどり着きたい「理想の状態」です。

それに対して目標とは、目的にたどり着くための「**チェックポイント**」「**通過点**」です。
「こっちの方向に進んでいくと、その先に目的地はあるかな?」
「今の時点でここまで来ていれば、期限までに目的地にたどり着けるかな?」

これらを確認するために設定するのが目標です。目指すべき目的地が「〇〇中学校合格」で、その学校の偏差値が60だとします。そして自分の現在地が偏差値50だとします。そこから考えて、「〇月の模試で偏差値55」と目標を決めていくことになります。

遠い目的地には、途中の目標がないとたどり着けない

こうして目標を決めることが、子どもが最初の一歩を踏み出すためには大切です。特に、**目的地が遠くにあるほど、目先の目標設定が重要な意味**を持ちます。

その子の目的が「勉強することそのもの(勉強が楽しい)」とか、「良い成績を取りたい(成績が良い自分でありたい)」であれば、目的地がすぐ目の前なので、最初の一歩も踏み

出しやすくなります。

一方、「○○中学校に通いたい」とか、ましてや「将来○○になりたい」のように遠くに目的地がある場合には、目標がないと何をしたらよいかわからなくなってしまうのです。目的地を見失った迷子状態ですね。

自分が目指している「○○中学校」や「将来○○になる」と目の前の勉強がつながっていないから、やる気が起こらないのです。

でも、考えてみれば、これって当たり前のことですよね。今日勉強するかしないかの違いが「○○中学校合格」

小学生に「将来、医師になりたいなら勉強しよう」と言っても、あまりに遠すぎて「今すべき勉強」と結びつかないから、やる気が出ない

に与える影響は、現実的に考えれば限りなく小さいです。「無関係」のように感じられてしまっても無理はありません。

そこで、**通過点として目標を細かく設定**することで、**「今度の模試」や「次回の授業で行われる小テスト」に向けて努力する自分が、その先にいる「○○中学校合格」を手に入れた自分とつながっていることを意識する必要がある**のです。

未来の自分を身近に感じると自制心が高まる

このような「現在の自分」と「未来の自分」との間のつながりを実感することが、自制心を高めるカギになることは、実験によっても確認されています。

スタンフォード大学（米国）の研究者ハル・アースナー・ハーシュフィールドの研究では、実験参加者の学生たちが「現在の自分と未来の自分に、どの程度のつながりを感じているか」を調べました。そして、いくつかの自己コントロール力を試すテストを行いました。

その結果、現在の自分と未来の自分との距離が近い学生ほど、高い自己コントロール力を発揮できることがわかりました。

ハーシュフィールドは、もう一つおもしろい別の実験をしています。

この実験では、参加者である学生たちに、写真を基に作成した「老化した自分」のアバターとVR空間の中で対面し、対話をしてもらいました。「あなたの名前は何ですか？」「どこから来ましたか？」「どんなことに人生の情熱を感じていますか？」——こうしたインタビューを行うと、アバターがそれに答え、まるで「未来の自分」と話しているように感じます。

そしてその後、「もし予想外に1000ドルを受け取ったらどう使うか」と、お金の使い道をシミュレーションしてもらいました。すると、「未来の自分」と対話をした学生たちは、ただの鏡で「現在の自分」の姿を見た学生たちに比べて、2倍以上のお金を退職金口座（未来のための貯蓄）へ割り振りました。

未来の自分を身近に感じさせることで、目先の誘惑に負けず、未来の自分のための行動を選択できるようになるのですね。

●「合格したつもり」になって「過去の自分」を振り返る

未来の自分を身近に感じる方法は他にもいろいろあります。「将来の自分を想像してみる」ことや、「将来の自分にメッセージを送る」ことも効果的だそうです。

私が経営する塾「伸学会」では、小5や小6の受験前の子たちに、先に「**合格体験記**」を書かせています。

合格したつもりになって、「合格発表を見たとき、どんな気持ちだったか」「自分がどんな成長の軌跡をたどったか」、そして「過去の自分（実際には未来の自分なのですが）を振り返って、どんな努力をしたことが成功につながったと思うか」といったことを書いてもらうのです。

これもまた、**未来の自分を身近に感じるための方法**になっていますね。

未来の自分から見た「自分がたどってき

合格したつもりになって「合格体験記」を書いてみる。未来の自分を身近に感じることで、その軌跡にも現実味が出て、やる気が高まる

た成長の軌跡」とは、視点を現実に戻せば、これから自分が通過していくべき「目標」です。単に合格した自分を想像してもらうよりも、**軌跡を想像してもらうほうが、よりいっそうリアリティを持って感じられる**だろうと考えています。

このワークを好きな子は多く、書くと勉強に対してのやる気が高まると言っています。

あらためてですが、「現在の自分」と「未来の自分」のつながりを意識することは、やる気を高め、意志力を発揮できるようにするために大切なことです。

ですから、手に入れたい理想の状態である「目的」と、「現在の自分」をつなぐための通過点として、目標を決めるようにしていきましょう。

ポイント

- 「目的」と「目標」を使い分ける
- 目的地が遠いほど、目先の目標が欠かせない
- 未来の自分を身近に感じさせる

2-4

「結果目標」を「行動目標」に落とし込む

先日、テストが終わったあとの反省会を生徒としていたときのことです。

最近入会したばかりのある生徒に、「もっと良い点を取るためにはどうしたらよかったと思う?」と聞いてみたところ、その子は「社会の第17回の農業のところをできるようにしておけばよかったと思います」と答えました。

そこで、「そのためには何をしたらよかったと思う?」と「追撃」してみたところ、

「……」と沈黙。

これって、結構**危険な状況**なことがおわかりいただけるでしょうか?

この子は「社会の第17回ができるようになりたい」と言っているにもかかわらず、そのために何をしたらよいのかを考えられないのです。

当然ですが、そんな子は**できるようになるための具体的な行動が何もできず、そのまま次のテストを迎える**ことになります。成績が上がるはずがありません。

これは、この子に限った話ではなく、多くの小4～5くらいの子が抱えている問題です。

ということで、目的が決まり、目的につながる目標を設定したら、次に決めなければいけないのが行動目標です。

行動目標は「具体的」で「計測できる」ものにする

先ほど考えたような「○月の模試で偏差値○○」といった目標は、結果目標と呼ばれます。結果目標を決めるとやる気は高まります。

しかし、「何をやったらよいか」が決まらないと、結局、人は動けません。結果目標を達成するための行動目標（学習計画）を立てる必要があるのです。

行動目標は、自分の行動を管理するために立てるものです。ですから、管理できる内容になっていなければいけません。

そこで、私たちは生徒に、行動目標とは「具体的」で「計測できる」ものでなければならないと教えています。

例えば、「算数の勉強を頑張る」といった目標は不適切です。何をしたら頑張ったことになるのか具体性が足りませんし、「頑張ったかどうか」は計測して数値化できるものでもありません。

「問題文を読み間違えないように注意する」も同様に不適切です。やはり具体性がなく、計測もできません。

こういうことを言っている子たちの成績は9割がた停滞します。

具体的であるとは、「誰が聞いてもわかる」ということです。「誰かに頼んで、代わりにやってもらえるかどうか」を考えるとわかりやすいです。

「問題文を読み間違えないように注意してね」と言われても、何をしたらよいかわからないですよね。「**問題文を読み間違えないように、聞かれていることに下線を引いてね**」ならば伝わります。

「計測できる」とは、「数値で表せる」ということです。「算数のテキストの第○回を頑張ってね」と言われても、どれくらいやったらいいのかわからないですよね。「**第○回の問題**

を3ページ解いておいて」であればわかります。

誰かに頼んでも明確に伝わる目標設定にすれば、それができたかできなかったか自分で管理できるようになります。

●数値で表す行動目標は親が上手にサポートしてあげる

なお、「具体的」で「計測できる」行動目標を立てるように子どもに教えても、それだけで、すぐにできるようにはなりません。ですから、初めのうちは、出てきた答えに「何を？」「どれくらい？」と問いを重ねて深掘りしたり、

「行動目標」は、「具体的」かつ「計測できる」ものにする。うまく目標を立てられない子もいるので、上手に親がサポートしよう

こちらからいくつか選択肢を示したりして、誘導してあげるのが効果的です。

「算数を頑張る」と子どもが言ったら、「何をしたら頑張ったことになる?」「どれくらいやったら目標達成?」と聞いてみる。それでも子どもが答えられないようなら、「○○と□□だったら、どっちがいい?」と選択肢を示す、といった感じです。

冒頭の子も、結局、自分からは答えらしい答えを出せなかったので、こちらから「テキストのどの問題を解いて練習すればよかったかな?」と誘導したところ、「基本問題をもう一度やっておけばよかった」と答えが出てきました。

小学生くらいの子どもはまだまだ未熟ですから、結果目標を達成するために何をしたらよいかを考えるのは苦手です。

無理に要求したり、怒ったりせずに、上手にサポートしてあげましょう。

●「やってはいけない」目標より、「やる」目標のほうがいい

なお、ちょっとしたコツではありますが、「○○しない」といった目標設定よりも、「○○する」という目標設定にしたほうが、目標達成の確率が上がることがわかっています。

例えば、「ダイエットのために甘いお菓子を食べない」よりも、「ダイエットのために、おやつが欲しくなったらフルーツを食べる」という目標設定のほうが、ダイエットの成功率が高かったそうです。

「計算ミスをしない」よりも「筆算をして正確に計算する」のほうが、「ゲームをしない」よりも「ゲームがしたくなったら読書をする」のほうが、成功率が高くなるということですね。

行動を管理して計測するときや、何を計測するのかを決めるときの参考にしてみてください。

ポイント

- ✓ 行動目標（何をやったらよいか）を決める
- ✓ 行動目標は「具体的」で「計測できる」ものにする
- ✓ 「○○しない」ではなく「○○する」という行動目標にする

2-5 「5つのルール」で目標を立てれば成績がアップする

目標を立てるときのルールとして、「具体的」で「計測できる」目標にすること以外に、あと3つの大切なルールをお伝えします。

それは「**関連性がある**」「**期限を決める**」「**『これならできる』と思える内容にする**」ということです。

関連性がある

「子どもが、得意科目や好きな科目ばかり勉強して、苦手科目はなかなか手を付けない。得意科目は100点中いつも80点くらい取れていて、あまり伸びしろがないのに、40点くらいしか取れていない伸びしろが大きい科目を勉強しないなんて……」

そんなお悩みはありませんか？

子どもは視野が狭く、「今ここ」以外を考えるのが苦手です。今やりたいものをどうしても優先してしまいます。そこで、**先に目的を確認し、その次にそれにつながる行動は何**

なのかを考えるというステップを踏むことが効果的です。このステップを踏まずに、親から「苦手科目を重点的にやりなさい！」といった指示をされるだけだと、子どもはモチベーションが上がりませんから、親は気を付けなければいけません。

また、同じくありがちなお悩みが、**効率の悪い勉強法をしているのに勉強したつもりになっているというパターン**です。例えば、「ただテキストを読むだけ」とか、「テキストに蛍光ペンで線を引く」といった勉強です。これらは効率が悪い学習法であることが科学的に実証されています。

あなたのお子さんはいかがでしょうか？

「問題を解く」といった効率的な学習法は、頭を使うので疲れます。だから、子どもは疲れるのを嫌がって、楽なやり方に逃げがちです。しかし、運動でも勉強でも、疲れる（負荷が高い）ことをしなければ、パワーアップしません。楽なやり方に逃げると、結局は勉強時間を無駄にすることになります。

もったいないですよね。

どんな勉強のやり方が効果的なのかは、子どもにちゃんと教えてあげる必要があります。

成績アップや志望校合格といった**成果につながる行動は何か**を、子どもと一緒に確認してから、それを習慣化させていきましょう。

私のこれまでの教え子の中でも、成績アップのために何をしたらよいかを教えて、勉強の内容ややり方を改善したことで、成績が急激に上がった子が何人もいます。

あなたのお子さんにも、**頑張りを無駄にしない勉強のやり方**を教えてあげましょう。

期限を決める

苦手な単元の補強をいつかやろうと思っていたけど、気付けば時間が過ぎていき、ズルズルとここまで来てしまった……。これもまた、成績が上がらない子によくあるパターンです。かく言う私自身も、学生時代を振り返ればそういうところがありました。

あなたはどうでしょうか？

そうした「先延ばししてしまって、結局やらなかった」という事態を防止するためには、「いつそれをするのか」を明確に決めることが効果的です。

これについては**第3章**であらためてくわしくお伝えします。

「これならできる」と思える内容にする

勉強を効果的なものにするためには、適切なレベルの負荷が必要です。楽なほうに逃げても成長しませんが、逆に負荷が強すぎても成長はできません。目指しているのが偏差値70の学校だからといって、偏差値50の子に偏差値70の入試問題をやらせても理解できません。理解できない勉強をさせても成長はないのです。

その子にとって、**簡単ではなく、難しすぎもしない、今の自分の実力よりちょっと背伸びくらいの負荷をかけ続けることが、最短最速で成長するための秘訣**です。

また、モチベーションという観点からも、「これならできそう」と本人が思えることが大事になります。「こんな難しいもの無理だ」「こんなに大量なのは無理だ」と思ったらやる気はわいてきませんので、注意してください。

以上、「①具体的」「②計測できる」「③関連性がある」「④期限を決める」「⑤『これならできる』と思える内容にする」は、大人がビジネスの世界で使う**SMARTゴール**の考え方です。

Specific：具体的である
Measurable：計測できる
Achievable：達成できる
Relevant：関連性がある
Time-bound：期限がある

をまとめて「SMART」と言います。ただ、子どもには「Specific」とか「Measurable」とか言っても伝わらないので、私たちは「かきくけこ」のルールとして教えています。

か：関連性がある
き：期限がある
く：具体的

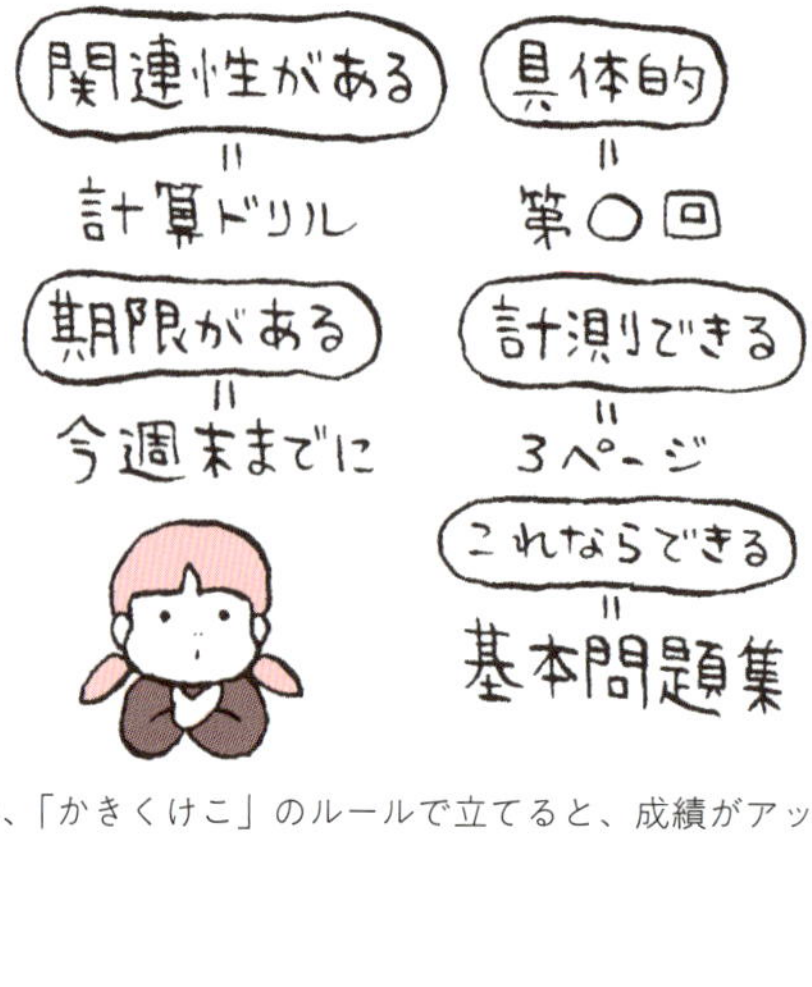

目標は、「かきくけこ」のルールで立てると、成績がアップする

け：計測できる
こ：これならできる

ですね。これなら小４の子でも、繰り返すうちに覚えてくれます。

最終ゴールに到達するための中長期的な結果目標を決めるときにも大事な考え方ですが、**結果目標を達成するための行動目標を決めるときには、よりいっそう重要**になります。

早いうちに教えてあげてくださいね。

ポイント

- 行動目標は「関連性がある」ものにする
- 行動目標は「期限を決める」
- 行動目標は「これならできる」と思える内容にする

Column

自信を育てるには他人にアドバイスさせよ！

目標は「これならできる」と思えるものにすることが大事です。しかし、「子どもがどう感じるか」は主観的なものですから、コントロールできません。

私たち大人から見ると「十分できるはずなのに、なんで……」と思う状況でも、本人は「こんなの無理だし……」と感じてしまうことはあります。

「できそうだ！」と思える心の強さや自信は、どうしたら育てられるのでしょうか？

そのための方法は、本質的には**成功体験を積ませる**ことです。**小さな成功体験を積み重ねるほどに自信がつき、もっと大きなチャレンジができる**ようになります。

とはいえ、成功体験を積ませるためには時間もかかりますし、最初の一歩を踏み出せない子は、そのままいつまでも停滞し続けてしまいます。そういう子への対処法はどうすれば？

ここではちょっとしたテクニックをご紹介します。

子どもに自信を持たせるためには、「**人にアドバイスさせること**」が効果的です。

中学生を対象にした研究では、後輩にアドバイスさせたグループは、やる気が高まり、勉強時間がグッと伸びたそうです。

なぜ他人にアドバイスすると自分のやる気が高まるかというと、誰かにアドバイスすることで、「**自分は他人から期待されている**」という感覚が生まれ、これが自信につながるからと言われています。

「未来合格体験記」の応用版として、「受験が終わったあと、後輩にアドバイスするとしたら、どんなことを伝えたい？」と考えさせてみるのはよいかもしれませんね。

第３章

「初めの一歩」を踏み出す秘訣

習慣を作るためには、まずは一回一回の行動を繰り返す必要があります。この章では、目標達成に向けて自分の行動をコントロールする方法について説明しています。この方法を活用すると、目標達成の確率がガツンと上がることが科学的に実証されています。

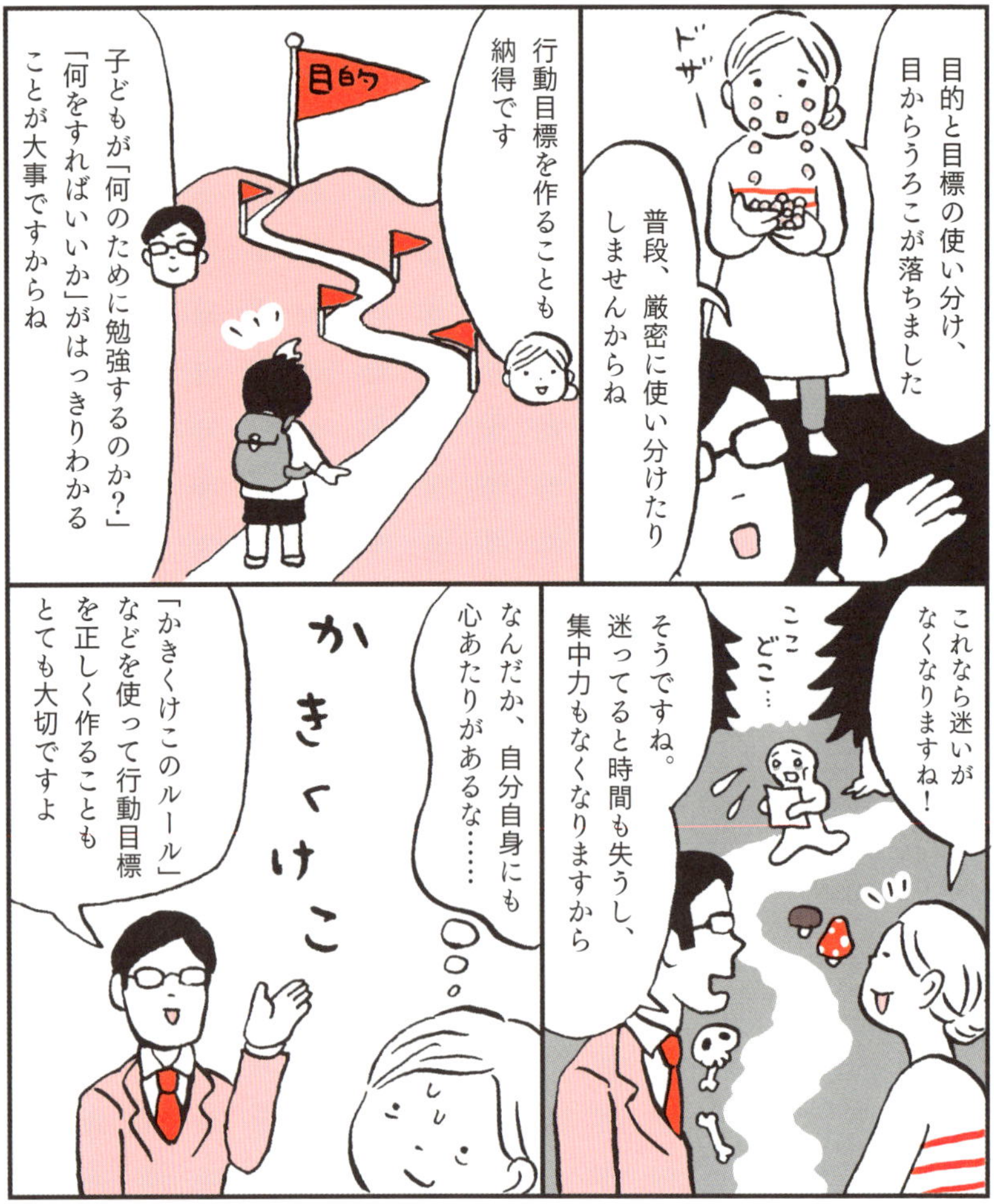
目的と目標の使い分け、目からうろこが落ちました
ドザー
普段、厳密に使い分けたりしませんからね
行動目標を作ることも納得です
目的
子どもが「何のために勉強するのか？」「何をすればいいか」がはっきりわかることが大事ですからね
これなら迷いがなくなりますね！
ここどこ…
そうですね。迷ってると時間も失うし、集中力もなくなりますから
なんだか、自分自身にも心あたりがあるな……
かきくけこ
「かきくけこのルール」などを使って行動目標を正しく作ることもとても大切ですよ

でも、これを子どもが本当にやってくれるのかしら
絵に描いた餅にならなければいいけど……
どんな習慣でも「初めの一歩」は単発の行動です。そして、初めの一歩が難しいものなんです
自転車のこぎ出しみたいですね！
その通り！
これをクリアする秘訣をこの章ではお伝えします！

3-1 どんな習慣も「初めの一歩」は単発の行動から

さぁ、目的も目標も決まりました。目標達成に向けて、初めの一歩を踏み出しましょう。どんな習慣も、一回一回の行動を積み重ねてできています。この章では、**その一回の行動を実行しやすくして、習慣に至るまで続けられるようにする秘訣**をお伝えします。

受験に合格するため、成績を上げるためには、勉強すればよいことは誰でもわかっています。しかし、それをなかなか実行できないのが現実ですよね。どうすれば目標に向けて行動できるようになるのでしょうか。そのための秘訣**その①**が、**スモールゴール**（小さなゴール）を設定し、**行動のハードルを下げる**ことです。

高すぎる目標はやる気を失わせる

2-5の「これならできる」という目標にしようという話の中で、「『こんな難しいものは無理だ』『こんなに大量なのは無理だ』と思ったら、やる気はわいてこない」とお話ししました。これをもう少しくわしくお話しします。

人のやる気は「目標に対して感じる価値」と「目標達成の見込み」のかけ算で決まるとする考え方があります。米国の心理学者であるジョン・ウィリアム・アトキンソンによれば、これは**期待・価値理論**と呼ばれます。

目標に対してすばらしい価値を感じ、やりがいがあると思っていても、「自分には無理そうだ……」と思っていたら、やる気はわいてこないのですね。「憧れの志望校があって、合格したいと強く願っているのに、勉強に対してやる気が出ない」という子がいますが、そうなってしまう要因の一つです。あなたのお子さんも、「目標があるのに頑張れない」といった状況だったりしませんか？

勉強を分割して一つ一つの量を減らす

そこで効果的なのがスモールゴールです。

例えば、塾で出された宿題がとても多く感じられ、やる気が出なくてついつい先延ばし。これって、子どもにありがちな行動です。

そんなときには、**宿題をいくつかに分けて細かい単位にしましょう**。1ページごとに分けるとか、あるいはもっと小さく1問ずつといった感じでも構いません。その一つ一つをゴール（目標）として設定して、短距離走を繰り返すイメージで宿題に取り組みましょう。そうすると、初めの一歩が踏み出しやすくなり、2歩目、3歩目と続けることができます。

子どもの脳はまだ未発達なので、先のことを見通すのがとても苦手です。私たち大人からすると「すぐに終わりそう」に見えるものも、子どもからすると「ものすごく大変そう」「めちゃくちゃ時間がかかりそう」に感じてしまうものなのです。これは仕方のないことなのですね。

子どもはまだ、先を見通すのが苦手なので、スモールゴール（小さなゴール）を小刻みに設定すると、「やれそう！」と感じて頑張れる

私の授業でも、宿題を子どもたちに伝えると、「えー⁉ そんなに⁉」という声があがることはよくあります。そんなときも、宿題を一つ一つ細かく分解して、「これやるのに何分かかりそう？」「こっちは何分で終わりそう？」というのを確認し、「じゃあ合計はどれくらいになりそうかな？」と考えさせると、「意外と大したことなさそうだ」と気が付いてくれて話がまとまります。

あなたのご家庭でも、スモールゴールを設定して短距離走の繰り返し方式にすると、きっとお子さんは今までよりスムーズに勉強に取り組めるようになります。

これは、勉強量を少ない量に分けることでハードルを下げるやり方でしたが、**時間で短く区切っても構いません。**

「帰宅したら勉強道具をカバンから出す」などでもいい

また、図や式をていねいに書くのが面倒くさくてハードルの高さを感じるようなら、「とにかくやっていればよい」と割りきって、やり方のハードルを下げるのもよいでしょう。「やらないよりマシ」と開き直ってしまいましょう。

勉強道具を準備するのが面倒くさく感じるようなら、「塾から帰ったら、とりあえず勉強道具をカバンから出す」のように、いつでも勉強できるように準備を整えておき、最初の行動開始のハードルを下げておくのもよいですね。

スモールゴールによって、大きな壁をよじ登って乗り越えるようなやり方ではなく、**小さな階段を一歩一歩上っていくようなやり方**をしましょう。スモールステップでなだらかな階段にすることを心がけて、お子さんが行動しやすくなるようにしてあげてくださいね。

ポイント

- ☑ 一回一回の行動を実行しやすくする
- ☑ スモールゴールを設定し、行動のハードルを下げる
- ☑ 一回の勉強量を少なくしたり、一回の勉強時間を短くしたりする

3-2 やる気のスイッチが入る「if-then プランニング」

続いて、行動しやすくする秘訣その②です。2-5で、「いつ」「何を」「どれくらい」やるかを決めようという話をしました。ここではそれをもう少し掘り下げて、お子さんのやる気を引き出す方法「if-then プランニング」についてお伝えしようと思います。

この「if-then プランニング」は、目標達成のためのとても強力なテクニックです。ニューヨーク大学（米国）のペーター・ゴルヴィッツァー教授と、ペンシルベニア大学（米国）のアンジェラ・ダックワース教授、そしてコロンビアビジネススクール（米国）のハイディ・グラント教授が共同で行った研究によれば、この「if-then プランニング」を使ったところ、高校生の夏休み中の勉強量が2倍以上に増えました。すごいですよね。あなたのお子さんにもやらせたいと思いませんか？

勉強を「いつやるのか」を決める

この「if-then プランニング」のやり方は実にシンプルです。

「○○になったら□□する」

と決めるだけです。

例えば、「月曜日、水曜日、金曜日になったら、仕事の前に30分間運動する」のようなプランです。

ちなみに、2-5で述べた目標の立て方の5つのルールを守ると、自然と「if-then プランニング」になります。

「何を」「どれくらい」やるかは、多くの塾で宿題という形で提示されます。

しかし、宿題を「いつ」やるかは指定されません。自分で「いつ」やるのかを決めないと、私たちの脳はやるべきタイミングを認識できないのです。その結果、子どもも「宿題をやらなきゃ」「宿題をやりたい」と思ってはいるけれど、「なかなか実行に移せない……」という状態に陥ってしまいがちなのです。

「何を」「どれくらい」やるのかをToDoリストで決めるだけでなく、**「いつ」を決めることがとても大事**なのです。

勉強する「状況」も具体的に決めておく

さて、**この節の大切なポイントはここからです。**

「if-then プランニング」の効果を最大限引き出すには、**状況をできる限り具体的に設定する**とよいことがわかっています。

「どこで」やるのか、「どうやって」やるのか、「どんな手順」かといった内容です。

例えば、以下の2つの学習計画を実行に移したいとしましょう。

①木曜日の17時になったら算数の宿題を始める
②毎週末になったら次の1週間のスケジュールを立てる

このままでも十分効果はあるのですが、以下のようにすると、よりいっそう効果が大きくなります。

①'木曜日の17時になったら、自分の部屋から算数のテキストとノートを持ってきて、リビングで算数の宿題を始める。図や式をていねいに書きながら取り組む

②'日曜日の夕食を食べたら、自分の部屋の机に座って、スケジュール帳を開き、月曜日から1週間分のスケジュールを立てる

●脳が迷わず勉強をスムーズに始められる

このように、あらかじめくわしく計画しておくと、脳は「タスクに取り組

勉強を「いつやるのか」に加えて、「どういう状況になったらやるのか」まで詳細に決めておくと、スムーズに行動できるようになる

む瞬間」を確実にとらえ、どのような行動を取るかについて迷うことなくスムーズに行動を実行できるようになります。

どうすればよいのか迷ったり考えたりする必要がなければ、私たちの脳は余計な意志力を消耗せず、ただタスクをこなすことに集中できます。その結果、計画通りに行動できる確率が大幅に高まります。

また、**想定外の問題に直面したときにも、「if-then プランニング」を持っている人のほうが、粘り強く目標達成に取り組もうとする**こともわかっています。実行するのが困難な状況でも、何度も繰り返しトライしようとしたり、困難を乗り越えるために意志力を発揮したりしようとします。

上手に活用して、理想的な行動を引き出せるようにしていきましょう。

ポイント

- 「何を」「どれくらい」に加えて「いつ」やるかを決めることも重要
- 「○○になったら□□する」と決めておく
- できるだけくわしくプランニングしておけば、タスクの消化に集中できる

3-3

他の習慣と結びつけて「勝ちパターン」を作る

「if-then プランニング」のさらなる活用法についてお話しします。

「いつ」「何を」「どのくらい」するのか決めることで、やる気のスイッチが入るif-then プランニングは、とても大きな効果があることをお伝えしました。

先ほどは「いつ」の例として、曜日や時刻を決めましたが、今回は別のお勧めパターンをお伝えします。それが、「他の習慣のあとにくっつける」パターンです。

「今ある習慣」に「新たに身に付けたい習慣」をくっつける

私たちには意外と多くの習慣があります。食事、睡眠、歯磨き、お風呂など、毎日必ずする行動があります。「家に帰ってきたら、まずは冷蔵庫を開けるのが習慣」という方もいるでしょう。大人だったらお酒、子どもだったらジュースを飲んで、ほっと一息……というように。

こうしたもともとある習慣を起点にして、そこに付け加える形で「○○をしたら、そのあとに□□をする」という行動計画を決めると、とても楽に行動ができます。

例えば、「ご飯を食べるときには、出てきた食材の産地を確認して地理の勉強をする」といった具合です。

実際に私は以前「歯磨きをしながらストレッチ」を計画し、習慣にしました。最近は「寝室に行ったら寝る前に軽い筋トレ&ストレッチ」を習慣にしています。やり忘れることもないですし、やりたくないという気になることもありません。

「食事のときは、食卓に並んだ食材の産地を確認して、地理を勉強する」と決めておけば、楽に勉強ができるし、続けやすい

「朝起きたら漢字の勉強を1ページする。それが終わったら計算を1ページする」のように、「一つが終わったら、その次」といった形で増やしていくこともできます。「これがうまくいけば、その次もうまくいく」という流れを習慣にすると、全体としてとても強い習慣になります。

●「何時」ではなく「〇〇したあと」でタイミングを逃さない

3-2でお話ししたように、私たちの脳はやるべきことがわかっていても、**それをいつやるのかがわからないと、やる気のスイッチが入りません**。そして、やるべきタイミングを逃してしまいます。だから、**やるべき時刻を決めることが大切**なのですが、「時間の感覚」というのはなかなか高度な能力であり、未熟な子どもには難しいこともあります。ですから、時刻を決めてもうまくいかないこともあります。

そんなときには、「何時」ではなく、「**〇〇したあと**」という形にしてみましょう。そうすると、子どもの能力でも「今がそのときだ」と気が付いて、やる気のスイッチが入るようになりますよ。

ぜひ試してみてくださいね。

ポイント

- もともとある習慣に、新しい習慣をくっつけると楽に行動できる
- 子どもは時間の感覚が未成熟
- 「何時にやる」がうまくいかなければ「○○したあとにやる」とする

3-4

目的達成の邪魔になる誘惑との戦い方

ダイエットをしたいと思っているのに、甘いものの誘惑やお酒の誘惑に負けて、ついつい口にしてしまった。あなたにはそんな経験がどれくらいあるでしょうか？

やる気はあった。目的意識はあった。でも、目先の誘惑に負けてしまった……。こんな経験は、過去を振り返れば誰しも心当たりがあるものです。

子どもたちも同じです。憧れの中学校があり、合格するために成績を上げたいと思っている。そのために勉強しようと思っている。それでも、目先のゲームやテレビに負けてしまうことがあります。「ちょっと休憩」のつもりで始めたものが、ついつい「あとちょっと」の繰り返し。本当に「あるある」です。

こうしたときに、子どもたちを叱って責めても、改善することはめったにありません。**何しろ、子どもたち自身もやる気はあるのですから**。

むしろ、子どももそんな自分を「どうにかしたい」と思って悩んでいたりします。彼らに必要なのは、叱られて悲しい思いや悔しい思いをすることではありません。

誘惑に負けない手段です。

そこで、この節では、**誘惑に負けない人は、どうやって誘惑に勝っているのか**をお伝えしようと思います。

誘惑が少ない環境に変えていく

誘惑に負けない最も効果的な戦略は、「戦わずして勝つ」ことです。

誘惑と対峙して、意志力を発揮して勝つのは困難です。それよりも、そもそも誘惑が少ない環境に身を置いたほうが、目標を達成できる可能性はグンと高まります。

例えば、職場でお菓子を机の上に置いておくか、引き出しの中にしまっておくかで、食べてしまう量は3倍くらい変わるそうです。**面倒でも「引き出しにしまう」ことが、誘惑に「戦わずして勝つ」ために効果的**なのです。

誘惑が少なくなるように環境を整えることが大切だとよくわかりますね。

3-1で「目標達成のために増やしたい行動があったら、その行動をしやすいようにハードルを下げよう」という話をしました。逆に、**減らしたい行動に対してハードルを上げま**

しょう。

ダイエットのために、お菓子を食べる量を減らしたい？

であれば、お菓子を目につかないところにしまって、食べるときは、わざわざ出さなければいけないようにしましょう。歯を磨いてしまって、お菓子を食べたらまた歯を磨き直さなければいけない状況にするのもよいでしょう。面倒くさくて食べる気が失せます。

勉強時間を増やすために、テレビを見る時間を減らしたい？

テレビ用のカバーを用意して、見終わったら毎回カバーをかけるようにしましょう。主電源も切り、コンセントも抜いておくとよいですね。リモコンのスイッチ一つで簡単につけられる環境と、わざわざカバーを外し、コンセントを入れて主電源を入れなければいけない環境では、テレビを見る時間は大きく変わるでしょう。

ゲームやユーチューブも同じです。使わないときには目につかないところに片付けて、やりたい気持ちを刺激しないようにしましょう。そして、やりたいと思っても、わざわざ準備しないといけない面倒な状況にするのです。

また、友達からの誘いに関しても、誘われたら断りにくいでしょうから、**先に「○曜日以外は勉強があるから遊べない」などと伝えておく**とよいでしょう。

●誘惑から「逃げきれなかった」ときの対策も立てておく

そして、誘惑に負けないための次善の策は、**誘惑に直面してしまったときの対処法を、「if-thenプランニング」で決めておく**ことです。

誘惑に直面したそのときに「どうしようか？」と考えると、誘惑に負けてしまうことが多くなります。自分にとって理想的な行動を先に決めておき、その通りに実行することに集中すると、誘惑に勝てるチャンスが高まります。

簡単に誘惑に近づけないようにしておく。面倒であればあるほど誘惑に負けにくくなる

例えば、「リビングに行ったときに家族がテレビを見ていても、自分は一緒に見ないで、部屋に戻って勉強を続ける」といったことを、**事前に決めておく**のです。

これら2つの戦略を使えば、誘惑に負けてしまう確率をかなり減らせるでしょう。

目的・目標を達成するには、達成につながる行動をしなければいけません。そして、その達成につながる行動の邪魔になってしまう行動は、コントロールできなければいけません。

テレビもゲームも、決してそれ自体

「誘惑に直面してしまったとき、どう行動するか」をあらかじめ決めておけば、なしくずしに誘惑に負けてしまうことがなくなる

が悪いものではありませんが、やはり現実的には勉強の妨げになることが多いものです。
ですから、適切な量にコントロールできなければいけません。

お子さんが好きなことは、「ある程度はやらせてあげたい」とあなたもきっと思いますよね。ですから、誘惑と上手に付き合うこれらの方法を教えてあげてくださいね。

ポイント

- 誘惑には「戦わずして勝つ」ようにする
- そもそも誘惑が少ない環境を構築する
- 誘惑から逃げきれなかったときの対処方法を事前に決めておく

ゲームとサヨナラする「封印の儀」

私が経営している塾の風物詩になりつつあるのですが、受験が近くなってくると、生徒がゲーム機を塾に持ってきます。そして、私たちはそれを受け取ると、塾に備え付けられている金庫にうやうやしくしまい込むという「封印の儀」を行います。

この金庫は「校舎長の指紋認証でなければ開かない」という鉄壁の守りです。

決して、私たちが強制的に生徒から没収しているわけではなく、生徒が自分で「そろそろかな」と思ったタイミングで持ってくるのです。そして、「来年また会おうね」と一声かけて、しばしのお別れをします。そういった儀式を、ある種、楽しんでいるところもありますね。

子どもたちは「合格したい」という気持ちを持っています。しかし、それでも目の前の「遊びたい」という誘惑と戦うのはとても大変なことなのですね。仮に勝てたとしても、その戦いの過程で消耗して、勉強に集中するためのエネルギーが削られてしまいます。

ですから、「面倒な状況にする」を超える、誘惑へのさらなる対抗策として、「絶対に無理な状況にする」という対策をして、勉強に集中できるようにしているのですね。

「封印の儀」を行うと、子どもたちも「諦めがついてスッキリする」そうです。しばらくすると、「やらない状態に慣れる」とだいたい言います。

結局、ゲームも「習慣」でやりたくなってしまっているだけなんですね。

あなたのご家庭でも、「誘惑と戦わない状況作り」を工夫してみてくださいね。

第4章

習慣になるまで繰り返す秘訣

この章では、人の習慣のメカニズムについて解説しています。人の習性を知っておけば、行動を継続して習慣にすることも簡単になり、またせっかく作った習慣が崩れてしまうことも防ぎやすくなります。モチベーションの科学に裏打ちされた習慣化の秘訣を活用しましょう。

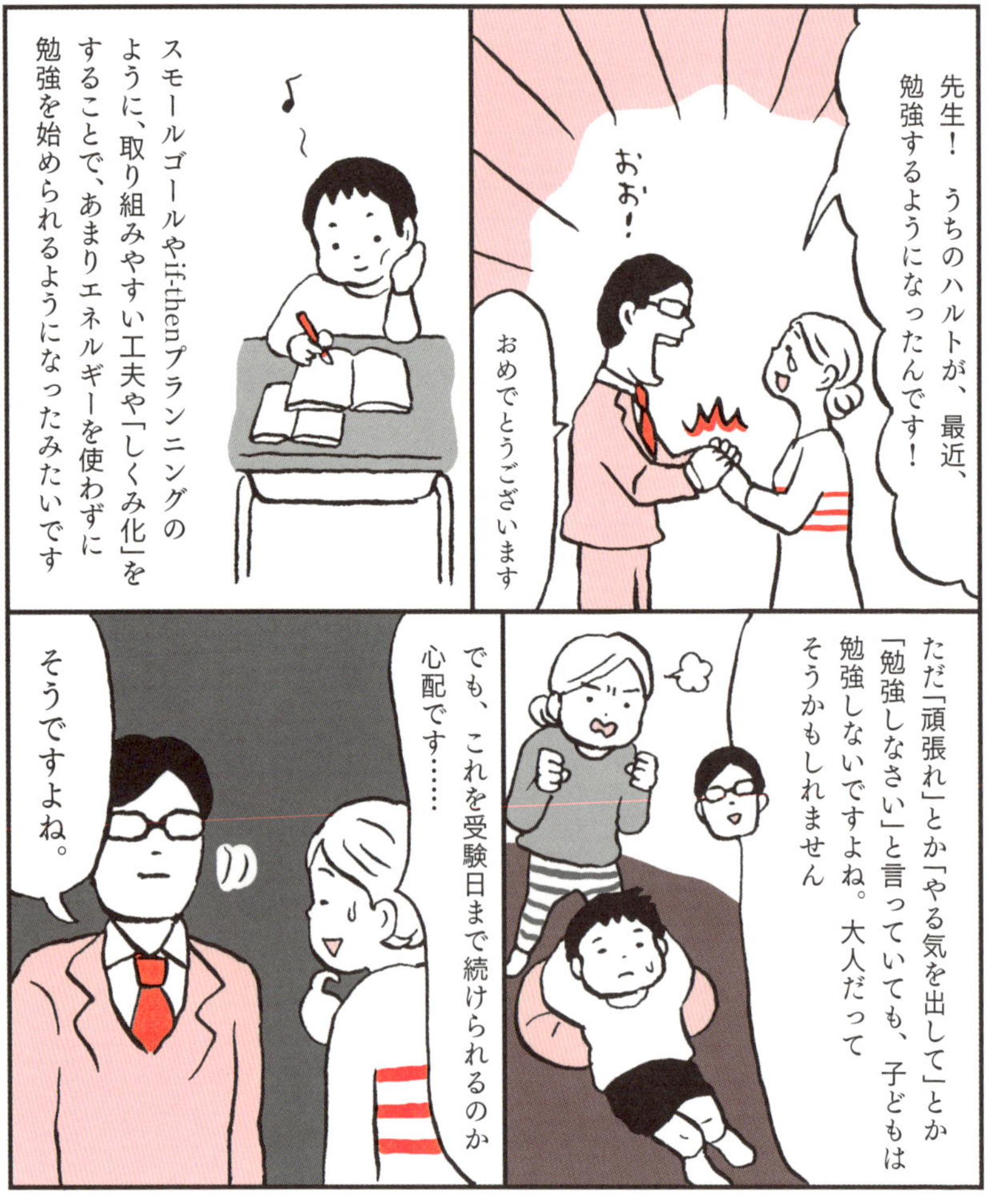

先生！　うちのハルトが、最近、
勉強するようになったんです！
おお！
おめでとうございます
スモールゴールやif-thenプランニングのように、取り組みやすい工夫や「しくみ化」をすることで、あまりエネルギーを使わずに勉強を始められるようになったみたいです
ただ「頑張れ」とか「やる気を出して」とか「勉強しなさい」と言っていても、子どもは勉強しないですよね。大人だってそうかもしれません
でも、これを受験日まで続けられるのか心配です……
そうですよね。

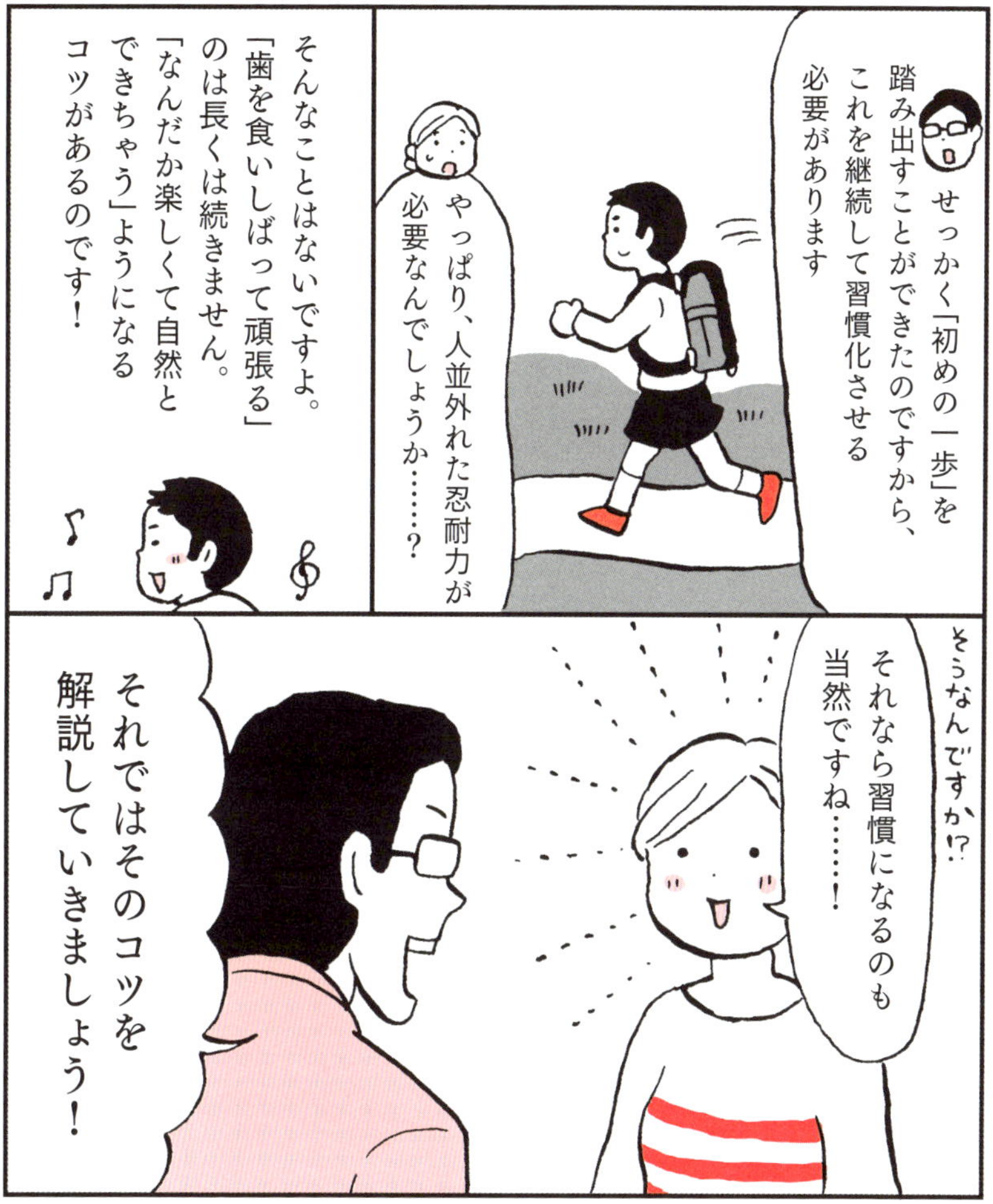
せっかく「初めの一歩」を
踏み出すことができたのですから、
これを継続して習慣化させる
必要があります
やっぱり、人並外れた忍耐力が
必要なんでしょうか……？
そんなことはないですよ。
「歯を食いしばって頑張る」
のは長くは続きません。
「なんだか楽しくて自然と
できちゃう」ようになる
コツがあるのです！
そうなんですか!?
それなら習慣になるのも
当然ですね……！
それではそのコツを
解説していきましょう！

4-1

習慣にも「慣性の法則」が働く

さて、それではいよいよ**習慣化の秘訣**をお伝えしていきましょう。

目的・目標を達成するために増やしたい行動を習慣化するうえで、**最も大変なのが最初の時期**です。

私たちは無意識にいつも通りの行動をしたくなるようにできています。私たちの脳にとって良い行動か悪い行動かの基準は、「生きていくために、最適かどうか」です。そして、今生きていられるということは、今まで通りの行動を続ければ生き続けられる可能性が高いと、私たちの脳は判断しています。

●脳の「変えたくない」という習性に逆らうのは大変

そこには「成績が上がったらいい」とか「受験に合格したらいい」、あるいは「お金持ちになりたい」といった価値判断はありません。

「成績が悪くたって死にはしない」

「貧乏だって死にはしない」

これが私たちの脳の価値観なのです。

だから、**これまでと違う行動をしようとすると、元に戻ろうとしてブレーキが働く**のです。

この大変な時期を越えて行動が習慣になると、そのあとは逆に私たちの無意識は、その習慣を続けようと働いてくれます。

例えば、受験を終えたばかりの受験生は、それまで受験に向けて日々たくさん勉強してきたので、塾や宿題がなくなると、ソワソワして勉強したくなるのです。**ここで何かやることを見つけて勉強を続けると、その先も勉強の習慣を維持**できます。

イメージとしては、自転車のペダルは、こぎ出すときが一番重くて大変ですが、一度スピードに乗ってしまえば、こぐのをやめても走り続けることを想像するとよいのではないでしょうか。

2〜3か月続ければ、たいていのことは習慣化する

では、**習慣にするまでにかかる時間はどれくらい**なのでしょうか？

ユニバーシティカレッジロンドン（英国）の研究によると、習慣化にかかった期間は18日から254日とかなり幅がありました。習慣化しようとする内容によって異なり、**難しいタスクほど時間がかかる**ようです。

「健康のために、朝起きたら1杯の水を飲む」といったタスクはすぐに習慣にすることができますが、「健康のために毎日腹筋などの運動をする」といったタスクは、習慣にするのに時間がかかるということですね。

私たちが生徒を指導するときにも、「毎日勉強をする」といった行動のタスクを身に付けるのはまだ簡単なほうで、「朝、早起きをする」といった、**生活習慣を変えるようなものはより時間がかかります**。「他の人との勝ち負けでは

難しいタスクほど習慣化に時間がかかるが、2～3か月続けられれば、たいていのことは習慣化できる

なく、自分の成長にフォーカスする」といった**考え方の習慣を変えるのにはさらに時間がかかります**。

そういった感じで、習慣化にかかる時間はものによって差がありますが、目安として、**何事も2～3か月は続けることが必要**だと思っておくとよいのではないでしょうか。

この章でお伝えする習慣化の秘訣を使って、習慣になるまでの大変な期間を乗り越えていきましょう。

ポイント

- 行動の習慣化は最初が一番キツいが、一度スピードに乗れば楽になる
- 「単純な行動」➡「生活習慣」➡「考え方の習慣」の順に難度が高くなる
- 習慣化には2～3か月は続けることが必要

4-2

「やってよかった」があるとまたやりたくなる

「ダイエットを成功させてモテたい」とか、「コツコツ勉強して成績を上げたい」とか、明確な目標があるはずなのに、そのための行動を続けられない人は多いですよね。事実、お正月に立てる新年の目標は、だいたい達成されないまま終わるものです。あなたの三日坊主に終わった目標はどんなものがありますか？

一方、行動を習慣化し、継続できている人もいます。続けられる人と続けられない人の違いは何なのでしょうか？　意志力の強さでしょうか？

そうではありません。意志力の差よりも大きな違いがあります。

それは、心理学でいう**「即時報酬」があるかどうかの違い**です。**1-4**で少し紹介した、シカゴ大学（米国）の研究者ケイトリン・ウーリーとアイィエレット・フィッシュバッハの研究がそのことを教えてくれます。

「すぐに得られる楽しさややりがい」があると続けられる

この研究によれば、「健康の改善」「やせて細身のパンツがはけるようになる」といった、手に入れられるまでに時間がかかる成果（遅延報酬）は、運動や食事制限といった行動を始める理由にはなるけれども、それを**続ける原動力にはならなかった**とのことでした。「目標があっても頑張れない」というのは、ごく自然なことなのです。

では、続けることができた人たちは何が違ったかというと、一緒に運動する仲間を作るとか、ダンササイズ（ダンス＋エクササイズ）に取り組むとか、**すぐに得られる楽しさややりがい（即時報酬）があった**そうです。

このことを前提に、「勉強」について考えてみましょう。目の前にある宿題を頑張ってから、その内容がテストに出題され、成績となって返ってくるまでに、どれだけタイムラグがあるでしょうか？　とても長い時間がかかりますよね。勉強を習慣化できる子が少ないのも無理のないことです。

では、どうすればよいのでしょうか？

先ほどの、即時報酬を意識的に作ることです。

前述した研究を参考にして、

「一緒に勉強する仲間（友達や家族）を作る」

「勉強になるアプリや学習カルタに取り組む」

などは、すぐにできそうなことですね。

● ゲーム感覚で楽しめる「ルール」を作れば「達成感」を得られる

他に、行動を計測して、計画の進捗状況をチェックするというのも効果的です。

ここまでの章で目的を決めて、そのための行動計画を立てて、今はその計画を進めている段階のはずですね。

勉強仲間を作って切磋琢磨できるようにしたり、ゲームのような勉強法を取り入れたりすれば、即時報酬となって頑張れる

このときに、**進捗状況と残り時間をチェックするようにすると、ゲーム感覚で楽しめる子も多い**です。

ゲームにも「ミッションがあり」「(多くの場合) 制限時間があり」「(多くの場合) スコアがある」ものですよね。サッカーやバスケットボールであれば、ボールをゴールに入れないと点が入りませんし、野球であればベースを一周してホームに戻ってこなければ点が入りません。

ゲームに制限時間がなかったり、試合中のスコアが表示されず、どっちがどれだけ勝っているかわからなかったりしたら、どうなると思いますか？　もちろんゲームとして成立せず、グズグズになってしまいます。

逆に、**タイムとスコアがあって競争となれば、100マス計算でも立派な対戦ゲーム**になります。子どもたちは、100マス計算での勝負を結構楽しんでやっていますよ。

1人でする勉強でも、自分でミッションと制限時間を決めて、進捗状況（スコア）を計測していけば立派なゲームになりますし、無事に時間内にクリアできれば達成感を感じられます。

「やった！　クリアした！」

その爽快感が即時報酬になって、「次も頑張ろう」という原動力になります。

達成感を味わえる具体的なルールを作る

解いた問題数や勉強時間で目標を決めるだけでなく、「図や式をていねいに書く」といった目標を決めてもいいでしょう。ただ、その場合は、「何をしたらていねいに書いたことになるのか?」といった客観的なルールをしっかり決めましょう。

例えば、「ノートの行を守って書く」「誰が見ても0と6の区別がつくように書く」といったルールです。これは体操やフィギュアスケートで「この技は○点」と決め

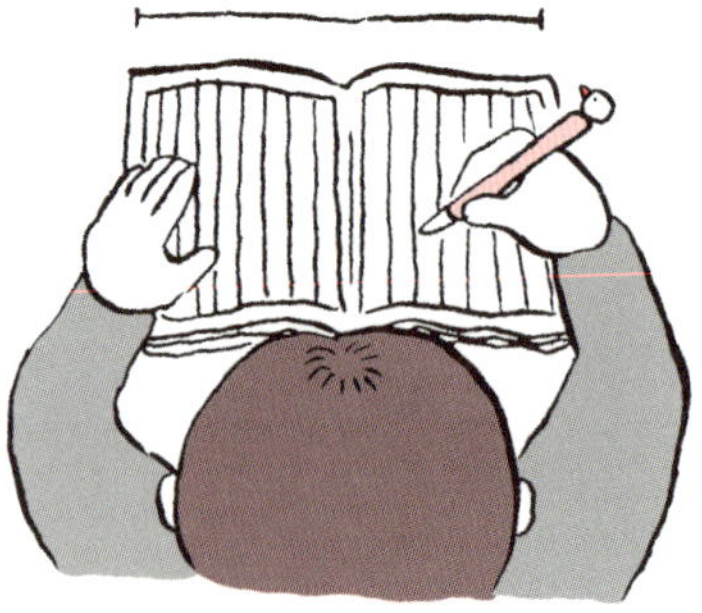

勉強のやり方に客観的なルールを作って、それをクリアしたときの達成感を即時報酬とするのも効果的

るようなものですね。

こうしたルールを決めて点数化しないと、ていねいかどうか主観のぶつかり合いになってケンカになるので注意しましょう。

ゲームを楽しむためには客観的なルールが大切なのです。ちゃんとルールに基づき、スコアをつけて計測するようにすれば、ゲームをクリアしたときと同じように達成感を味わえます。

良い行動を継続して習慣にするには、即時報酬が大切です。その即時報酬として、**クリアしたときのような達成感は特に重要**なのです。

目標の設定と進捗状況は、必ずチェックするようにしていきましょう。

ポイント

- 「目標があっても頑張れない」のは普通のこと
- すぐに得られる楽しさややりがい（即時報酬）を作る
- 行動を計測して、計画の進捗状況をチェックし、達成感を味わえるようにする

4-3

ご褒美を設定して「やってよかった」を生み出す

行動の継続には即時報酬が必要とわかりました。

即時報酬を得るには、一緒に勉強する仲間を作ったり、勉強になるアプリや学習カルタをしたり、計画の進捗状況をチェックしたりするのが効果的でした。

では、あなたのお子さんが、これらにあまり興味を示さなかったらどうすればよいでしょうか？

そうした場合には、**勉強したあとにご褒美を設定する**のが良い方法です。

子どもたちの話を聞いても、「勉強が終わったあとにおやつやおこづかいなどのご褒美があると頑張れる」という子は多いです。

とはいえ、ご褒美で釣って勉強させることに違和感がある方もいるでしょう。

しかし、ハーバード大学（米国）のフライヤー教授の行った実験などでも、**ご褒美は子どもの勉強に対する意欲を高め、成績を上げる効果がある**ことが示されています。ですから、ご褒美は有効に活用していきましょう。

多くの方が心配されるように、ご褒美を与えることで、かえって勉強へのやる気を奪ってしまうことは確かにあります。

しかし、やる気を奪ってしまうことになるのは、限られた条件を満たした状況のときだけです。通常、そのような状況は起こりません。これについては6-2であらためてお話しします。

小学生以下には「本人の名誉となるもの」が効果的

では、ご褒美の内容はどのようなものがよいのでしょうか?

小学生以下であれば、**トロフィーやメダルのような、名誉となるものが効果的**だったそうです。私が経営する塾「伸学会」でも、頑張った生徒をメダルで表彰したりしています。

一方、中高生になると、そういったものよりも、お金のほうが効果的だったそうです。

ご褒美としてお金をあげることに心理的な抵抗がある方も多いと思います。しかし、フライヤー教授の実験のあとに行われたアンケートによれば、努力した結果、ご褒美を得た子どもたちは、お金を無駄遣いするどころか、娯楽などに使うお金を減らし、**より堅実なお金の使い方をしていた**そうです。

この実験でお金をご褒美として与えるとき、同時に「おこづかい帳をつける」などの金融教育を行っていたことも理由の一つでしょうが、**努力して手に入れる体験を通じてお金の大切さを学んでいた**のですね。勉強させるためにご褒美としてお金をあげることは、教育としてむしろ一挙両得かもしれません。

効果的なご褒美は人によって違うのでよく話し合う

他にも、子どもたちに何か欲しいものがあっ

小学生のご褒美には、メダルやトロフィーといった「本人の名誉」を象徴するものがお勧め

たり、やりたいことがあったりした場合には、それをご褒美とするのもよいでしょう。例えば、「ドリルを1冊クリアしたら、晩ご飯で好きなメニューをリクエストできる」というご褒美にしたら、「子どもがとても頑張るようになった」という報告をいただいたことがあります。ほほえましいですね。

ただし、**テレビやゲームは諸刃の剣なので注意が必要**です。際限がなくなってしまいがちだからです。ちゃんとルールを守れる場合だけ、うまく活用していきましょう。

以前に教え子で、ご褒美の「おこづかい」にはまったくやる気を示さなかった子が、「○○をやったらゲーム時間5分獲得」といったように、勉強をたくさんこなすほどゲームもたくさんできるシステムにしたところ、めちゃくちゃやる気を出して、いっぱい勉強するようになった、というご報告もありました。

一方、終わりの時間を守れずトラブルになったという報告も多々あります。慎重な見極めが必要ですね。

あなたのご家庭では、どの即時報酬がうまくいくでしょうか？　いろいろと試してみてください。

自分のやる気を自分でコントロールできるようにする

最終的な目標は、子どもが**自分で自分にご褒美を設定できるようになること**です。やる気が出るかどうかを、他人から与えられるご褒美に依存している状況は、望ましい状態ではありません。

自分の責任で自分のためにご褒美を用意できるようになれば、自分のやる気を自分でコントロールできるようになります。子どもには、ここまで教えてあげたいですね。

ポイント

- ☑ 勉強したあとにご褒美を設定する
- ☑ 小学生には、お金よりもトロフィーやメダルが効果的
- ☑ 子どもが自分で自分にご褒美を設定できるようになるのが最終目標

行動と結果の「つながり」が見えればやる気が高まる！

さて、ここまでで、即時報酬を活用すれば、勉強の習慣化ができるとわかったと思います。そうしたら次は、さらに勉強への意欲を高め、習慣をパワーアップさせる方法です。

勉強は、頑張って取り組んでから、その内容がテストに出題され、成績となって返ってくるまでにタイムラグがあります。そのせいで、**結果が出るまでの間、頑張り続けられる子が少ない**ことが1つ目の問題でした。

即時報酬を活用すれば、その問題をクリアして、勉強を続けることができます。

しかし、勉強を続けても、また別の問題が待ち受けています。

それは、**せっかく頑張っても「やってよかった」という手応えを感じにくい**ことです。**タイムラグのせいで、行動と結果との間のつながりがわかりにくくなっている**のですね。

●「できたところ」も「なぜできたのか」確認する

そこで大切になってくるのが、行動と結果のつながりを見えるようにしていく作業です。つまり、**行動を計測していくこと**と、**行動による成果・自分の成長を確認していくこと**です。

まずは、テストを受けたあとの**振り返り**です。

テストを復習するとき、できなかった問題は「教科書やテキストのどこに、似たような問題が載っているか」を確認しますよね。その問題を解いて弱点をつぶすのと同時に、「ここをやっておけばよかったのか！　次からはやろう！」と、今後の方針を立てるうえでの参考にすると思います（やっていなければ今後はやるようにしましょう！）。

それだけでなく、**できた問題も、似た問題がどこに載っていたかを確認**しましょう。**「これをやっていたからテストでもできたんだ！」と確認できれば、「次も頑張ろう！」というやる気につながります**。

ここがとても大事なポイントです。

これをちゃんとやらないと、せっかく頑張って結果を出しても、そのつながりに気付かないまま過ぎ去っていってしまいます。

テストが終わったあとの振り返りは、ついつい、できていないところを中心に見てしまいがちです。「改善しよう」という意識によるものですから、それも決して悪いことではありません。

しかし、モチベーションアップの観点からは、「できていたところを見ること」は、より重要です。「**良かったことを継続しよう**」という意識を大切にしてください。

●自然とご褒美よりも自分の成長がうれしくなってくる

そして、**良い勉強を長期間継続していければ、成績も徐々に良くなっていくはず**です。

テストで「できた問題」も「ここを勉強したからできたんだ」と確認することが大事。「勉強（努力）」と「結果」のつながりを実感できるからだ

ここまでくれば、頑張りと結果との関係がわかりやすいですね。成績の推移を見て、自分の志望校や目標とする成績にどれだけ近づけたかを確認してください。「やってよかった」という達成感と、これからもっと頑張ろうという意欲がわいてくると思います。

私の経営する塾「伸学会」では、宿題をやってきたり、勉強の記録を残す日記を書いてきたりしたら、ご褒美にポイントがもらえる仕組みになっています。そのポイントはお菓子や文房具と交換できます。小4～5のうちは「ポイントがもらえるから」という理由で、ご褒美目当てに宿題をしている子も多いですが、徐々にポイントに対しての興味は薄れていきます。**ご褒美よりも、成績アップや自分の成長のほうに興味がシフトしていく**んですね。ほとんどの子どもにとって、できるようになるうれしさのほうが、ポイントなどのご褒美よりも大きいものです。

「成果につながっている」ということを実感できると、行動そのものがより楽しくなります。**つながりが見えにくい小さな成果も、可能な限り拾い上げていく**ようにしてくださいね。

ポイント

- 頑張りと成果にはタイムラグがあるので、モチベーションが落ちやすい
- テストで正解した問題も、似た問題が教科書やテキストのどこにあったか確認する
- 頑張りが成果につながっていることを実感することが大切

Column

「即時報酬」で子どもが変わった実例

先日、私が主催する保護者セミナーに参加した方から、こんなご報告がありました。

小学4年生の息子のことです。ずっと字が汚くて、本人もキレイに書きたいとは思っているようでした。学校で「今年の抱負」を書くときは「字をキレイに書けるようになる」と書いていましたが、なかなか雑な字でした。

ある日、漢字練習の宿題をしているときに「兵」という漢字が1文字だけキレイに書けていました。「この『兵』の字、めっちゃキレイやん！　定規で書いたん？」と聞くと、「違う」と言うので「すごいキレイに書けてるやん！　お手本の字みたい」と褒めました。

別の日には、「コスモス」とカタカナだけキレイだったので「コスモスの字、キレイに書けてるね！　カタカナをキレイに書けるようになったね」と伝えました。

そして昨日、漢字練習ノートを見ると、全体的に雑さが20％ほどになっておりました（以前は95％ほどが雑でした）。

今まで「もっと、ていねいに書こう」とか「枠からはみ出ないように書こう」と注意点ばかり伝えていたな……と反省しました。

たった1週間でこの成果はびっくりです！

「注意」って、なかなか通じないけれど、褒めてもらったら「今の良かったんかな？　もう1回やろう」と思えるんですかね。

まさに、良い行動を認めてもらえたことが、即時報酬になり、継続につながっていったことが、おわかりいただけると思います。

「改善点」よりも「良かったことの継続」を大事にしてくださいね。

第5章

習慣化を「加速させるもの」と「阻むもの」

この章では、より具体的な習慣化を加速させるためのちょっとしたコツや、習慣化を阻む落とし穴についてお伝えしています。知っているか知らないか、たったそれだけの差で、良い勉強習慣を身に付けられるかどうかが大きく変わります。

うちの子、勉強にムラがあるみたいなんです
といいますと？
ちゃんとやれてるときとやれていないときの差が結構あるみたいなんです
なるほど…
具体的にはどんな様子なんですか？
先延ばし癖があったり、テストで良い点を取ると油断したり、悪い点を取るとなげやりになったり……
あと5分したらやる
やっぱセーブしたらやる
ハハハ
小学生あるあるですね
意志が弱いのかしら……
大丈夫！
そういう行動は、ハルトくんだけではなくて、他の多くのお子さんでもそうなんですよ

そうなんですか?? うちの子だけじゃない?
はい
むしろほとんどの親御さんが一度は経験することです
じゃぁ、放っておいてもいいのでしょうか? どうしたらいいのかわからなくて……
ちゃんと対策がありますヨ
習慣化を妨げる落とし穴は埋めていく必要があります。逆に、習慣化を加速するコツもありますので、取り入れていくといいですよ
キケン
加速
ぜひ、そのコツを教えてください!

5-1

「頻度」が習慣化を加速させる

前章までで、習慣化のための基本的な方法はお伝えしました。

この第5章では、**習慣化を加速させるポイント**や、**習慣化の失敗につながるありがちな落とし穴**についてお話ししていきます。

まずは、習慣化を加速させるために最も重要な要素をお伝えします。それは、この節のタイトルにもなっていることからわかるように、**頻度**です。

私たちは、歯磨きや入浴のように毎日やることに対しては、心理的な抵抗をあまり感じません。それに対して、ときどきやることに対しては、面倒くささを感じます。

勉強でもそれは同じです。毎日勉強するほうが、週に1度勉強するよりも楽なのです。

●週4回以上ジムに通うと習慣化しやすい

この**習慣化における頻度の重要性**を示す研究が、ビクトリア大学（カナダ）の研究者によって行われました。

この研究では、新しくジムに通い始めた111人の人々を12週間にわたって観察し、ジム通いが続いた人と続かなかった人の違いを探りました。その結果、**最もジム通いの習慣化と関係があったのは頻度だった**ことがわかりました。1週間の中でジムに行く回数が多いほど、12週間が経ってもジム通いを続けている確率が高くなりました。

特に、**週に4回以上の頻度でジムに通うと、ジム通いが習慣になる確率がグンと高くなった**そうです。

「人は本能的に同じ行動を繰り返したがる」とお伝えしましたが、そのことがとてもよくわかる数字ですね。週

ビクトリア大学の研究では、新しくジム通いを始めた人の中で、週4回以上通った人は習慣になる確率が高かった。頻度が習慣化を加速させる

7日のうちの過半数である4回を超えると、多数決の力が「続ける」ほうに働くというわけです。

少量でもいいので毎日勉強すると習慣化しやすい

このことは**私の指導経験とも一致**します。

週に2回しか授業がなく、宿題も比較的すぐに終わる量しかない小4の子たちよりも、週に5回、6回と塾に来て勉強し、毎日たくさんの宿題をこなしている小6の子たちのほうが、「塾が楽しい」「勉強が楽しい」と言う子が多いのです。

人の行動は「楽しい➡やる」だけでな

勉強も週1より、週4のほうが習慣化しやすい。習慣化させたいときは、1日で終わってしまうような宿題を4日に分けるなどしてもよい

く、「やる➡楽しくなる」という関係性もあるのですね。

だとすると、小4の子でも、それほど宿題が多くないからといって、**1日でまとめて片付けるようなやり方はもったいない**ですね。できれば毎日、**少なくとも週に4日以上、少しずつ勉強するようにしたほうが、勉強を楽しく継続できる**でしょう。

塾に通い出す前の低学年の子でも、毎日必ず机に向かって勉強する習慣をつけておくとよいですね。**たとえ5〜10分でも、必ず何かをする**ようにしてくださいね。

ポイント

- ☑ 習慣化に関係するのは頻度
- ☑ 宿題は1日で片付けず、少なくとも週に4日以上かけて少しずつやる
- ☑ 低学年の子は机に向かって勉強する習慣をつけておく

5-2

「明日やろう」は「バカヤロウ」先延ばし癖は習慣化の大敵

目標を決め、それを達成するための行動計画も決まり、「さぁやろう！」となったとき。ちょっと面倒になって、「あとでやればいいんじゃない？」と思ってしまうことって、私たち大人でもありますよね？　こうした**先延ばし癖は、習慣化の大敵**です。

仮に、先延ばしした勉強の「借金返済」ができたとしても、先ほどの「頻度を増やす」に反することになるので、勉強を習慣化することにはつながりません。**長期的に見ると、まとめてドカンとやる作戦はデメリットが大きい**のです。まして、借金を返済しきれなかったら、目も当てられませんね。

しかし、多くの子どもは、その失敗をします。

しかも、何度も繰り返します。

「明日こそちゃんとやろう！　その分今日は楽しんじゃおう！」

その繰り返しなのです。

なぜこのような失敗をしてしまうのでしょうか？

それは、人には「先のことを楽観的に考える習性」があるからです。

人は未来のことには楽観的になりやすい

ウィスコンシン大学（米国）のロビン・タナー教授とデューク大学（米国）のカート・カールソン教授が、こんな実験を行いました。

彼らは被験者たちを2つのグループに分けて、一方のグループに以下のような質問をしました。

「来月は週に何回くらい運動をしようと思いますか？」

それから、別のグループには、少し言葉を変えてこんな質問をしました。

「**理想的には**、来月は週に何回くらい運動をしようと思いますか？」

この結果、なんと2つのグループの回答に**差は見られませんでした**。それどころか、「現実的に考えて答えてください」と言われた参加者たちも、やはり楽観的な予想によって回答しました。

私たちは先のことを考えるとき、「きっと今よりも時間に余裕があるだろう」と考えがちです。これは、何を隠そう、私自身にも当てはまります。毎年毎年、「きっと来年になったらもう少し仕事が楽になるだろう」と期待してしまっています。

こうした性質のせいで、「**今はやりたくないことも、あとになればきっとやる気になるだろう**」と考えてしまうようです。

その後、被験者たちを集め、実際に運動した回数を報告してもらったところ、案の定、予想よりも少ない回数でした。そして、教授たちはあらためて、同じ参加者たちに質問をしました。

「次の2週間で何回運動をしようと思いますか？」

すると、参加者たちは不本意に終わった結果を挽回しようと思ったのか、さらに多い回数を申告しました。もちろんできるわけもないのですが……。目標は「達成可能なものでなければならない」のは、すでにお伝えした通りです。

「毎日同じ行動をすること」をルール化する

しかし、受験生にもこういう子どもが多いのが現実です。忘れた宿題を「来週までにやってきます」と言って、**本当にやってきた子なんてほとんど見たことがありません**。

このような先延ばし癖は、どうすれば克服できるのでしょう？

その方法が、**「毎日同じ行動をする」ことをルール化すること**です。

「やったり、やらなかったり」を減らし、毎日一定の行動をすることが、先延ばし癖を克服するために最も効果的です。

今日1時間多く勉強すれば、明日も明後日も、その次の日も、1時間多く勉強できます。そのつながりを意識させれば、長い日数を積み重ねたときに、どれくらいの差になるかに意識が向くようになるのです。

だから、**その1時間の重みに気が付ける**のです。

私の経営する塾「伸学会」でも、毎週ホームルームの時間に、学習記録で1週間分の学習時間をチェックさせています。小6になると、入試までの残りの週数をかければ、どれだけの勉強時間が残されているかを可視化できます。残り時間は日ごとに減っていくの

毎日一定の勉強(行動)をすることをルール化する。さらに、その積み重ねがどれほどのものになるかを可視化すれば、日々の勉強の価値がわかる

が基本ですが、**1日あたりの勉強時間を増やすと、トータルの残り時間を増やせます。**

これは子どもにとっても良い刺激になるようです。

受験学年以外だと、塾以外にも習い事があったりして、毎日一定のペースで勉強するのは難しいかもしれません。ですが、できる限り「明日も同じだけ勉強する」という意識を持たせてあげてくださいね。

そうすれば、気付いたころには「習慣の力」が働き出しますよ。

ポイント

- 先延ばし癖は、習慣化の大敵
- 「毎日同じ行動をする」ことをルール化する
- 1週間分の学習時間をチェックして可視化する

5-3

「頑張ったあとはサボりたくなる」の法則

子どもが「頑張っているなー」と思って喜んで見ていたら、次の日にはその反動でいつも以上にだらだら。差し引きゼロどころか、むしろマイナス。がっくりきた……という経験はありませんか？　私は生徒指導をしていて、何度もあります。

しかし、それは決して、あなたのお子さんや私の生徒だけの残念な性質ではありません。実は「人」には、目標に向かって前進すると、逆に目標から遠ざかるような行動をしたくなる、という性質があるのです。これは心理学で「**モラル・ライセンシング**」と呼ばれます。

人は何か良いことをすると、いい気分になります。そして、多くの場合、「ちょっとくらい悪いことをしたって構わない」と思ってしまうのです。

この性質もまた習慣化の大敵です。

人には成果を出すとサボりたくなる性質がある

この性質は実際に実験でも確認されています。

シカゴ大学ビジネススクール（米国）のアイェレット・フィッシュバッハと、イェール大学マネジメントスクール（米国）のラヴィ・ダールは、ダイエット中の人たちを対象として、人の意志力を試す実験を行いました。

まず、ダイエットが順調に進んでいる参加者たちを集め、面会します。そして、参加者たちに奨励賞として、「リンゴかチョコレートバーのうち、希望するほうを与える」と伝えます。このとき、一部の参加者だけ、「各自の理想体重にどれだけ近づいたか」を一緒に確認しました。

すると、進歩を確認した参加者は、85％がリンゴではなくチョコバーを選びました。

これに対し、進歩の状況を確認しなかった参加者の場合、チョコバーを選んだのは58％でした。

「どちらにしてもチョコバーを選んでしまう人が多い」ことに人の弱さを感じますが、**進歩を確認すると自分を甘やかしたくなる人がいっそう増えてしまう**ことがわかります。

順調にいっていることで、モチベーションが高まるのではなく、逆にブレーキがかかってしまうのはもったいないことですね。

別の実験では、**学業の面においても同様の結果**が見られました。試験勉強を何時間くらい行ったかを確認した学生は、その晩は友達と飲みに行ってしまう確率が高いことがわかりました。

では、どうすればこのモラル・ライセンシングの罠にはまらずに済むのでしょうか？

目標を再確認して気がゆるまないようにする

それは**目標を再確認する**ことです。

香港科技大学（中国）とシカゴ大学（米国）の研究によると、誘惑に負けず我慢したときのことを学生たちに思い出してもらったところ、「モラル・ライセンシング」効果が生じ、そのあと70％の学生が自分を甘やかすような行動を取りました。

しかし、学生たちに、「なぜ誘惑に負けなかったのか？」と理由をたずねたところ、「モラル・ライセンシング効果」はそれほど見られず、次の誘惑に負けた学生は41％へと大きく減少しました。

ほんの些細なことですが、**目標を思い出す**ことには大きな力があるのです。

子どもたちにも、目標を持って意気込んで頑張るときはあります。私が指導している中学受験する小学生は、ただでさえ塾で長時間勉強を頑張っています。これだけでも、子どもにとっては大変なことです。そのうえ、家に帰ってからさらに復習をして宿題までするなんて！　すばらしい頑張りですよね。

頑張ったあとには、きっと心の中に、「頑張ったんだから、少しくらいご褒美の時間（テレビ？　ゲーム？）をも

これまで頑張ってきた理由を思い出すことで、「ここで誘惑に負けたら、これまでの努力が水の泡だ」と、目標に向けて頑張る意義を再認識できる

らってもいいよね」という考えが生まれます。

その誘惑に耳を傾けてしまったら、せっかくの頑張りを台なしにしてしまうかもしれません。

ですから、子どもが「頑張っているな」と思ったら、ちょっと立ち止まらせて、**「なぜ自分は頑張ってきたのか？」という理由を思い出させてあげましょう。**親子で目標の再確認です。

そうすれば、きっとモラル・ライセンシングによる反動を抑えることができますよ。

ポイント

- ☑ 人は進歩を確認すると、自分を甘やかしたくなる
- ☑ 自分の目標を思い出して、再確認する
- ☑ 「なぜ自分は頑張ってきたのか？」という理由を思い出させる

失敗して「もうどうにでもなれ！」となるのを防ぐ方法

先ほど「頑張ったあとには、サボりたくなる」という話をしましたが、今度は逆のパターンのお話をしようと思います。

頑張ったあとは油断が生まれてサボりたくなるということは、失敗したあとは気が引き締まって、取り戻すために頑張ろうとするでしょうか？

残念ながらそうはならないのが、人の残念な性質です。

人は失敗すると「破れかぶれ」になることがある

人は失敗をすると、気分が落ち込み、後ろめたさを感じます。そして、失敗を取り戻すために頑張るどころか、その嫌な気分を晴らすために、よりいっそう悪い行動をしてしまうのです。

ダイエットに失敗した人は気晴らしに「やけ食い」し、禁酒に失敗した人は気晴らしに「やけ酒」し、節約に失敗した人は気晴らしに「散財」してしまいます。

「もう今回は目標を達成するのは無理だ！　だったらパーッと楽しんでしまえ！」

というわけです。

これは心理学で「**もうどうにでもなれ効果（The What-the-hell Effect）**」と呼ばれます。

あなたにもこれまでの自分の行いで、何か心当たりはないでしょうか？

こうした悪循環は、子どもたちの勉強でも、もちろん起こりえます。例えば、

- テレビを見過ぎた➡宿題が終わらない➡どうせ全部終わらせるのは無理だから、今回はやらなくていいや！　楽しんじゃえ！➡もっとテレビを見る
- ゲームをやり過ぎて勉強が進まなかった➡テストで悪い点数を取った➡気分が落ち込む➡気晴らしのためにもっとゲームに逃げる

などなど……。

宿題が終わらないときも、成績ダウンを食い止めるためには、まったくやらないよりも、半分でも3分の1でもやったほうがよいのはわかりきったことです。

それなのに、すべて投げ出してパーッとやりたくなってしまうのですから、このような性質は私たちの大きな敵ですね。

勉強の習慣化に向けた取り組みにおいても同じです。

目標通りの行動ができないとき、「今日は無理だ！　どうせなら楽しんじゃおう！」となるのか、「できる範囲でやろう」となるのかは大きな違いになります。

「できなかった自分を許す」ことが重要

果たして、どうすれば、「もうどうにでもなれ効果」を封じ込めることができるのでしょうか？

その方法が、「**自分への優しさ（セルフコンパッション）**」を持つことです。

失敗して後ろめたさを感じたり気分が落ち込んだりすることが「もうどうにでもなれ効果」の原因ですから、**そうしたネガティブな気持ちを取り除くことが問題解決には効果的**なのです。

失敗したことについて、思いやりを持って振り返った場合のほうが、厳しく批判した場合よりも、「失敗したのは自分の責任だったのだ」と人は認めやすくなります。

また、そのほうが他人の意見やアドバイスに対しても進んで耳を貸せるようになり、失敗の経験から学ぶことも多くなります。


カナダのオタワにあるカールトン大学で1年生119人を対象に行われた調査からも、そのことがわかります。

この調査では、学生たちが試験勉強を怠けて先延ばしにする様子を、学期を通じて記録しました。最初の試験では、多くの学生が試験直前まで勉強を

失敗して自分を一番責めているのは自分。自分で自分を許さないと、
追い詰められて「もうどうにでもなれ！」となってしまう

始めませんでした。そうした学生たちは、試験で痛い目を見たことでしょう。

その後、この失敗を踏まえて、学生たちは学習の習慣をどう改善しようとするかを観察しました。

その結果、**最初の試験で直前まで勉強しなかったことに対して自分を許した学生たちほど、その後の試験では準備を怠けることが減りました**。逆に、最初の試験の準備に失敗したことで自分を責めた学生ほど、次の試験ではまた同じ失敗を繰り返してしまったのです。

自分への優しさの大切さがよくわかりますね。

罪悪感を持つ人を責めずに優しく励ます

では、親や指導者など、周囲にいる人はどうすればよいのでしょうか？

それは「慰めの言葉」や「励ましの言葉」をかけることです。こうした優しい言葉が持つ力を示す研究にこんなものがあります。

ルイジアナ州立大学（米国）のクレア・アダムズと、デューク大学（米国）のマーク・リアリーという2人の心理学者が、ダイエット中の女性たちを対象に実験を行いました。

実験のやり方はこうです。

まず、体重に気を付けている若い女性たちを研究室に集め、「食べ物が気分に与える影響を調べる」という名目でドーナツを食べさせました。さらに、水を1杯飲み干してもらって満腹感を与え、「お腹いっぱいに食べてしまった……」と感じさせ、罪悪感をあおりました。それから、女性たちに調査用紙を配り、「どんな気分になったか」を記入してもらいました。

ここからが本番です。

次に、今度は「お菓子の試食」という名目で、数種類のお菓子を食べてもらいました。実際には、「試食に協力する」という言い訳ができる状況の中で、**被験者がどの程度、意志の力を発揮して少ない量で我慢できるか**を、実験者たちは観察しています。ドーナツをお腹いっぱい食べてしまったことに罪悪感を感じていたら、きっと食べ過ぎてしまうに違いありません。

このとき、一部のグループの女性には、実験の担当者たちが、

「ドーナツを食べることに対して罪悪感を覚える方がいらっしゃるのですが、自分を責めないでくださいね。この研究ではみんながドーナツを食べています。これくらい食べ

たって悪いことだと感じる必要はないと思いますよ」

と優しい言葉をかけました。

一方、別のグループの女性たちには、特に何の言葉もかけませんでした。

そして「試食」という名の実験が終わったあと、実験担当者はお菓子を入れていたボウルの重さを量り、各参加者が食べてお菓子がどれだけ減ったかを計算しました。

すると、**自分を許せるようになぐさめてもらえなかった女性たちは1人70g近くも食べていたのに対し、優しい言葉をかけられた女性たちが食べたお菓子の量はわずか28gだった**のです（チロルチョコが1つ7gくらいです）。

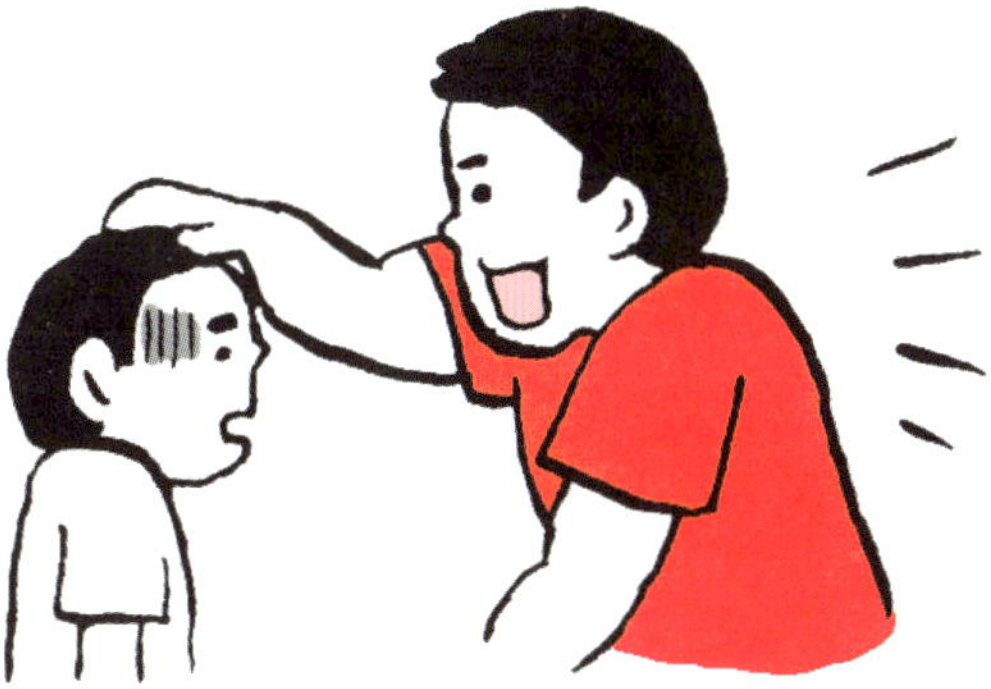

子どもが失敗したときは放置したり責めたりせず、
優しい言葉で励まし、元気づけてあげよう

ドーナツを食べた罪悪感は、実験参加者たちを「やけ食い」に走らせましたが、優しい言葉で罪悪感を取り除かれた参加者たちは自制心を取り戻したのです。

良い行動に導くためには、**責めることよりも優しく励ますことのほうが大切**だとよくわかりますね。

子どもたちは日々、大小たくさんの目標に向かってチャレンジしています。ときにはそれを達成できない日もあるでしょう。そんなとき、あなたはお子さんにどんな声かけをしますか？

ポイント

- 人は失敗すると「もうどうにでもなれ効果」が起こりやすい
- 落ち込んだり後ろめたかったりするネガティブな気持ちを取り除く
- 失敗した子どもは罪悪感を抱いているので、責めるのではなく、優しく励ます

5-5 感情をコントロールできれば習慣化を達成できる

5-3と5-4で、うまくいって浮かれれば落とし穴にはまり、失敗して落ち込めばさらなる落とし穴が待っていることがおわかりいただけたと思います。

まさに「前門の虎、後門の狼」。

成功には、感情のコントロールがとても大事なのですね。

では、感情の浮き沈みを小さくして平常心を保つこと以外に、感情のコントロールについて気を付けるべきことはどんなことがあるでしょうか？

それがこの節のテーマです。

●「感謝」や「思いやり」の気持ちが自己コントロール力を高める

近年の研究で、自己コントロール力を高めるためには、「感謝」や「思いやり」といった感情を持つことが効果的だということがわかってきています。

なぜ、これらの感情に自己コントロール力を高める力があるかというと、これらは他者との協調に関する感情だからです。

私たち人類の祖先は、群れの中で連携して助け合うことで、個の力としては人類よりも強力な他の生き物がたくさんいる環境を生き残ってきました。逆に言えば、助け合いのシステムをうまく働かせることができなければ、人類とて生き残ることはできなかったわけです。

仲間と助け合うには、**自分の目先の欲求を我慢する能力が必要**です。自分がお腹が空いているからといって、仲間の食べ物に手を出してしまうような人は、群れから追い出されて死ぬことになります。一方で、「感謝」や「思いやり」の気持ちを持って仲間のために自分の欲求を我慢できた人々は、お互いに助け合って過酷な環境で生き抜くことができました。

そうした、助け合う能力を持った人々が我々の祖先となった結果、子孫である私たちも、その能力を受け継いでいるというわけです。

効果的な「感謝したいことを書き出す」ワーク

実際に、カリフォルニア大学リバーサイド校（米国）の研究者らが行った研究でも、「過去に起きた感謝したいことを書き出す」というワークを行った被験者たちは、「過去に起きた普通の一日を書き出す」「過去に起きた幸福な出来事を書き出す」というワークを行った被験者と比べて、**自己コントロール力が高まり、目先の欲求に飛びつきにくくなりました**（**6-1**でくわしく紹介します）。

このワークは**シンプルですが効果は抜群**です。

あなたのご家庭でも、親子で「感謝したいこと

毎日書き出すのが難しければ、週に1度で構わないので、
「感謝したいことを書き出す」ワークをしてみよう

を書き出す」ワークをやってみてくださいね。頻度は週に1度程度でも十分効果があるそうです。1日1つ、あるいは週に3つといった感じで、感謝したいことを探してみましょう。

ポイント

- ☑ 自己コントロール力を高めるには「感謝」や「思いやり」の感情を持つ
- ☑ 助け合う能力を持った祖先から受け継いだ能力を生かす
- ☑ 親子で「感謝したいことを書き出す」ワークを週に1回やる

5-6

仲間の助けを借りると「続けられる」ワケ

この章の最後に、行動を習慣化するための最も強力な方法の一つをご紹介します。それは、この節のタイトルにもなっている「**仲間の助けを借りる**」ことです。

数年前、私は健康向上のために、ジム通いをすることにしました。しかし、ついサボってしまったりで、なかなか安定して通うことができていませんでした。ちょうどそのころ、知り合いが体調を悪くしていることを知りました。そこで、その知り合いをジム通いに誘ったのです。

「毎週水曜日はジムの日ね！」と約束して、一緒に行くことにしました。すると、安定してずっと通い続けることができるようになったのです。「今日は行きたくないな……」という気分でも、「でも、一緒に行く約束をしたから」ということで、行かないわけにはいかないんですね。

そして、勉強でも運動でもそうですが、始めてしまえば気分が乗ってきて、「やってよかった！」となるのが、お決まりのパターンです。誰かと一緒に頑張るのは、継続するうえで大きな効果を発揮するなと実感しました。

●チーム制にすると、1人より1・5倍多くジムに通うようになった

こうした仲間の存在が支えになることは、多くの人に共通することのようです。

例えば、ウェストチェスター大学（米国）の研究者たちが学生を対象にして行った実験があります。この実験では、さまざまに条件を変えたグループを比較し、「ジム通いの回数が、どの条件でどれだけ増えるか」を調べました。

- **ご褒美で釣る**：1回30分、週3回以上運動をしたら、アマゾンギフトカード80ドルがもらえる抽選の対象となる。
- **チーム制にする**：ランダムに選択されたパートナーが割り当てられ、チームの双方が運動の目標を達成した場合のみ、抽選の対象となる。
- **競争させる**：週の半ばに他の人たちの達成状況がメールで伝えられ、あおられる。自分が目標を達成すれば抽選の対象となる。

こうした条件を加えたところ、「ご褒美で釣る」も「競争させる」もそれぞれ効果を発揮しましたが、**最も大きな効果となったのは、「チーム制」にして一緒に運動する仲間を作る**ことでした。仲間がいる状況だと、個人でやる場合に比べて1・5倍多くジムに通うようになったそうです。

何かを我慢するのもチーム制のほうが成功しやすい

この実験は、ジム通いという「やるべきことをやる」ことに対して、仲間がいることが与える影響を調べたものでしたが、「やってはいけないことを我慢する」ことに対しての影響を調べた実験もあります。

マックス・プランク進化人類学研究所（ドイツ）が行ったもので、マシュマロ・テストを応用した実験でした。

この実験では、子どもたちを2人1組のペアにし、遊ばせて仲良くさせたあとで、半数の子たちには普通にマシュマロ・テストを行います。「今、クッキーを食べずに我慢できたら、あとでもう一つあげるよ」と伝えました。残りの半分の子たちは、チーム制にしました。「隣の部屋にいる友達と2人とも我慢できたら、2人とも、もう一つあげるよ」と伝えました。

　文化による違いを確認するために、この実験をドイツとケニアの2カ所で実施しました。その結果、**どちらの文化においても、チーム制にしたときのほうが、我慢に成功する子たちが増えました。**

●一緒に勉強する友達を作れた子は勉強時間が増えた

「大学生」と「小さな子ども」、「運動する」と「クッキーを我慢する」……まったく異なる状況ですが、どちらにおいても「**人は仲間がいると頑張れる**」ということは共通しています。

　このことから考えると、小学生の子ど

人は仲間がいると頑張れるし、我慢もできる。学校や塾で一緒に頑張れる勉強仲間を作れると勉強時間が伸び、成績も上がりやすい

もの勉強習慣作りや、テレビ・ゲームの誘惑の克服にも、**仲間と一緒に取り組む作戦は効果を発揮しそう**ですね。実際に、私が経営する塾でも、**一緒に勉強する友人関係を作れた子たちは、勉強時間を伸ばしていくことに成功**しています。

人のために頑張れるという能力は、私たち人が持つすばらしい特徴ですね。親子で、あるいは友達同士で、一緒に頑張るチームを作っていきましょう。

ポイント

- 誰かと一緒に頑張ると、継続に大きな効果を発揮する
- 文化を問わず、チーム制にすると我慢に成功する子が増える
- 一緒に勉強する友人関係を作れた子は、勉強時間を伸ばせる

Column

最後の壁は「マンネリ」の打破

私も、本書のテクニックを使って自分の習慣をコントロールしているのですが、中長期的に良い習慣を作ることは簡単でも、「**永続的に続けるのは難しいな**」と実感しています。

例えば、運動の習慣ですが、これまで筋トレの習慣やジョギングの習慣などを作って、しばらく続けては、だんだんと飽きてきてやめてしまう、ということを繰り返しています。また、ふと思い立って再開し、数か月続けて、しばらくするとまた途絶えます。

「三日坊主ではなく、数か月続けられるだけでも大したものだ」とポジティブに捉えるようにはしています（笑）。けれども、そういう「波」ができてしまうことに難しさを感じています。

これは私に限ったことではなく、多くの人がぶつかる壁のようです。研究でも、「習慣的に行っていることに対しては、感情の起伏が小さくなる」ということがわかっています。つまり、**マンネリ**ですね。

やることに対して、つらさや苦しさを感じなくなる半面、喜びや達成感も感じにくくなるということです。「やることから逃げたいわけではないけれど、わざわざやりたいとも思わない」という心境になってしまうのですね。

私の場合は、それでしばらく運動しなくなり、体重が増えてきたりして、また「やるべき理由」ができたときに、やる気が再起動されます（笑）。

習慣を途絶えさせずにそこから永続的なレベルまで持っていきたければ、**マンネリ打破のための戦略**を用意しましょう。例えば、「**模試を受ける**」とか「**試合に出る**」といった目標を作るのは良いですね。私もマラソンにでも出場してみようかな？

第６章

子の習慣作りをサポートする親の心構え

最後のこの章では、子どもの習慣作りをサポートする親の心構えについてお伝えしています。やれと言われたことはやりたくなくなるのが人間の性質であり、親が熱くなり過ぎると冷めていくのが子どもというものです。適度な距離感で子どもをサポートし、成功に導くために必要な親の心構えと技術をぜひ覚えておいてください。

ハルト、塾で勉強仲間ができたみたいで、一緒に長時間勉強するようになったんですよ！
仲は良いんですけど、お互いをライバルのように感じてるみたいですし
目的を同じくする仲間ができると頑張れますよね。ぼくも1人でジムに通っていたときはなかなか続かなかったんですよね
もう…ムリ…
ハハハ
こうなると、親もがぜん期待しちゃいます！
STOP!
まぁ、気持ちはわかりますが、親があまり熱心すぎても子どもがひいてしまうので要注意です
さじ加減が難しい……
あくまでも親はサポート役であるということを忘れないようにしたいですね

ところで、ご褒美ってあったほうがいいのでしょうか？　受験はまだ先で、気分が乗らないときもあるみたいなんですよね
でも物で釣るのはよくないかな…
ご褒美は使い方しだいですね
どういうことですか!?
最終的には勉強の楽しさややりがいに気が付くように誘導できるなら問題ありません
解説していきましょう
お願いします！

6-1 「遠くの目標の価値」は割引されると心得る

ここまでで、勉強を習慣にするためのテクニックをひと通りお伝えしました。最後の第6章では、**子どもの習慣作りをサポートするための心構え**についてお伝えします。

まず1つ目の心構えとして覚えておいてほしいのは、「**子どもが遠くの目標に向かって頑張れないのは当たり前のことである**」という点です。

「中学受験をしたいと自分から言い出したくせに、ちゃんと勉強しない」

「〇〇中学校に行きたいと口では言うくせに、行動がともなわない」

こうしたことは、中学受験するご家庭に共通する「あるある」なお悩みです。高校受験や大学受験でも、多かれ少なかれそんなものです。

その理由は、**人は時間的に遠く離れたものは、価値が低く感じられる**からです。これは心理学で**時間割引**と呼ばれます。

今すぐ100万円もらう？　5年後に200万円もらう？

例えば、「今すぐもらえる100万円」と「5年後にもらえる200万円」だったら、あなたはどちらが欲しいですか？　多くの人は、5年後に200万円もらうよりも、今すぐ100万円が欲しいと感じます。つまりこれは、**「5年後の200万円」の価値が「今すぐ100万円」より低く感じられる**ということです。

「5年後の200万円」と「今すぐ100万円」だったら100万円を選ぶけど、今すぐもらえるのが「80万円」だったら、どちらにするかとても迷う……そんな状態であれば、**200万円の価値が120万円割引されている**ということです。つまり60％引きですね。

子どもたちにも聞いてみたところ、「5年後の200万円」と「今すぐ100万円」だったら、100万円を選んでしまう子が多かったです。では、「3年後の200万円」だったら？「1年後の200万円」だったら？「半年後の200万円」だったら？　どれくらいなら待てるかは、子どもによってバラバラでした。人によって、割引率には差があるようです。

お金と同じように、「今すぐ30分ゲームをするか、次の日曜日に1時間ゲームをするか、どちらがよい？」と子どもに聞くと、子どもは迷います。「今」が土曜日であれば待つかもしれません。木曜日だったらどうでしょうか？　月曜日だったら……待つのはちょっと難しいかも。これもやはり、どれくらいなら待てるかは個人差があるところです。

ただ、いずれにせよ言えることは、「時間割引」は人の習性であって、「多かれ少なかれあるのが普通だ」ということです。

子どもたちの心の中では、「未来の受験の合格」と「今、目の前のゲーム・テレビ」も、やはり同じように天秤にかけられています。受験がまだ遠い先のことであるほど、「受験の合格」の価値は割り引かれて、小さいものに感じられてしまいます。

●子どもの一年は大人の一年より、ずっと長い！

そして、この時間割引に拍車をかけるのが、子どもの時間感覚です。「大人になってから時間が経つのが早くなった」と言う人は多いですよね。あなたも感じたことはありませんか？

大人にとって一年という時間はあっという間ですが、子どもにとっては果てしなく長い時間です。さぞかし時間割引が強力にかかることでしょう。

ですから、子どもが遠くの理想の未来に向けて頑張ることは、大人以上に困難です。「○○に合格したい」と言っているのに行動がともなわない。それは不思議なことでも何でもありません。4-2でお伝えしたように「即時報酬」をしっかり用意して、遠くの理想の未来ではなく、目の前のうれしいこと・楽しいことに向かって頑張れるようにしてあげてくださいね。

余談ですが、5-5で紹介した「感謝の気持ちには、目先の欲求に飛びつきにくくする効果がある」ということを確認した実験は、この時間割引を扱ったものでした。

実験は、75人の学生を対象にして行われました。学生たちを3グループに分けて、1つ目のグループでは「過去に起きた普通の一日」を、2つ目のグループでは「過去に起きた感謝したいこと」を、3つ目のグループでは、「過去に起きた幸福な出来事」を書き出してもらいました。

その後、学生たちに、「今50ドルもらうのと、1

子どもの一年は大人より長い。目の前にうれしいことや楽しいことがあるように即時報酬（勉強仲間、ゲーム性、達成感など）を用意しよう

年後に100ドルをもらうのではどちらがいい?」といった質問をして、1年後の100ドルと同じに感じられる、今すぐもらえる金額を確認しました。

その結果、「過去に起きた普通の一日」を書いたグループの学生は、1年後の100ドルは目の前の17ドルと同じ程度に感じていました。「過去に起きた幸福な出来事」を書いたグループは18ドルでした。「過去に起きた感謝したいこと」を書いたグループは30ドルと同じだと感じていました。「感謝」の気持ちは時間割引の効果を軽減してくれていますね。

ただ、いずれにせよ時間割引は強力なものだということがわかります。ですから、目標に向かって頑張れない子どもにイライラしたりしないであげてくださいね。うまく**「即時報酬」と「感謝のワーク」の両方を活用**していきましょう。

ポイント

- ☑ 時間的に遠く離れたものの価値を低く感じる(時間割引)
- ☑ 子どもの一年は果てしなく長い時間
- ☑ 「感謝」の気持ちは時間割引の効果を軽減する

6-2 「ご褒美で釣る」のは悪いことではない

2つ目の心構えは、ご褒美に関してです。あなたはご褒美で釣って勉強させることに、ネガティブなイメージを持っていませんか？　つまり、ご褒美で子どもの行動をコントロールすることへの罪悪感や、それがうまくいったとして、子どもがご褒美目当ての行動をすることへの嫌悪感などです。

確かに、そうしたネガティブな気持ちを持つことは間違いとは言いきれません。ご褒美を与える場合に限らず、子どもを褒《ほ》めることも叱ることも含めて、外的な力により行動をコントロールするのはベストなことではありませんよね。本当は、子どもが内発的な動機で自分から行動してほしいものです。

しかし、本書でお伝えしてきたように、「内発的動機があれば人は行動できるか」と言えば、必ずしもそうとは言いきれません。「やる気はあった」「やったほうがよいと思っていた」それなのに行動できなかった……そうした経験は誰しもあるものです。

そう考えると、遠くの目標に向けて頑張るよりも、**目先のご褒美（即時報酬）目当てのほうが頑張れるのであれば、うまく活用したほうが良い**のです。

ご褒美には効果的な使い方がある

そこで、こう考えてみるのがお勧めです。

「ご褒美を与えることや、褒めたり叱ったりすることで、**子どもの考えや感情**をコントロールするのはなるべく避けるべきだ。それに対して、**本人の考えや感情に沿った行動**を実行できるようにするためのサポートには、ご褒美は使っても構わない」

もう少し具体的に言うと、本人が勉強に対してやる気がないのに、ご褒美で釣って勉強させるのはよくありません。「勉強しなかったらゲームを没収」のように、罰で脅すのはなおさらです。

「**本人も志望校に合格するために勉強しようと思っているけれど、なかなか気分が乗らない**」というようなときが、ご褒美が大活躍する場面です。

ただ、勉強に対してやる気がない状態のとき、よくないとわかりつつもご褒美で釣らざるを得ないこともあるでしょう。そうした場合には、**ご褒美目当てに勉強している間に、勉強の楽しさややりがいに気付くように誘導**して、後者の状態にしていきましょう。

考えてみれば、私たち大人の仕事に対しての取り組みでも、似たようなところがあります。仕事は、言ってしまえば「給料」という「ご褒美目当ての行動」という面があるわけです。

私の場合は、大学生になったときにアルバイトとして塾講師のキャリアをスタートしたのですが、この仕事を選んだ一番の理由は時給の高さでした。まさにご褒美目当ての行動だったのですね。それが、始めてみたらこの仕事のおもしろさ・やりがいに気が付き、気付けば20年間どっぷりとこの仕事にのめり込んでいます。

同じように、最初は給与の高さや待遇の良さで就職先を選んだけれど、気付けば、そんなことより仕事の楽しさに夢中になっているという人はきっといますよね。

自分で自分にご褒美を与えられるようになるのが最終目標

私たち大人の場合は生活がありますから、「給料なんかいらない」とはなりませんが、子どもの場合には「ご褒美なんかいらない」となる子たちも多いです。小4～5くらいの子たちだと、ポイント目当てに一生懸命頑張っている子が多いのですが、小6くらいになると、ポイントに興味がなくなって、自発的に勉強する子たちも増えてきます。

ご褒美はその状態になるまでの「補助輪」の役割ですね。

内発的動機を育てることと、**勉強を習慣化する**ことがしっかりできないと、いつまでもずっとアメとムチで子どもをコントロールし続けなければいけなくなります。

しかし、本書を読んでくださったあなたは、そんなことにはならないと思います。ですから、過

子どもがお菓子などではなく、自分の成長に喜びを感じてモチベーションを高められるようになったら、子育てのゴールも近いのではないだろうか？

度にネガティブなイメージをご褒美に持たないようにしてくださいね。

そして、最終的には、**自分で自分に対してご褒美を設定してモチベーションを高められる**ように育てていきましょう。自分にご褒美を用意できるというのは、ある意味、大人の特権です。**究極の自己管理**と言えるかもしれませんね。他人に依存せず、自分で自分のやる気をコントロールするのですから、何も悪いことではありません。

お子さんをこの状態まで持っていくことを、**子育てのゴールの一つ**としてみるとよいのではないでしょうか。

ポイント

- ☑ 目先のご褒美（即時報酬）は、うまく活用したほうがよい
- ☑ ご褒美では「子どもの考えや感情」ではなく「行動」をコントロールする
- ☑ 自分で自分に対してご褒美を設定してモチベーションを高められるようにする

6-3

「小さなご褒美作戦」が習慣化に効く！

さて、「ご褒美でやる気をコントロールするのは悪いことではない」となったら、次に考えるのは「どんなご褒美が効果的か」ということです。この節では、ご褒美を上手に使うための心得を3つお伝えしていきます。

心得その① ご褒美は永遠に出し続けるつもりでいること

よく保護者の方に「いつまでご褒美をあげ続ければよいのですか？」と聞かれます。それに対しての回答は、「いつまでも」ということになります。

前節で、仕事に対しての給与を例として挙げましたが、ここでも同じように考えてみてください。

あなたが給与を目当てに仕事を始めたとします。しばらくして慣れてきて、仕事も楽しく感じてきました。そんなタイミングで上司が「そろそろ給料なしでいいかな？」と言い出しました。あなたはどう感じますか？

もちろん「じゃあ、辞める」というのが普通の回答だろうと思います。中には「お客様のために」「同僚のために」と、ボランティアのような形で働いてしまう人もいるかもしれませんが、それは異常なことですよね。

子どもにご褒美を出すときにも、**ずっとご褒美を出すつもり**でいてください。いずれ勝手に子どものほうがご褒美に関心を持たなくなるかもしれません。大人のように生活がかかっているわけではありませんから、ご褒美よりも大きなやりがいに気付けば、ご褒美がいらなくなることもあります。

しかし、ご褒美をあげる側がそれに期待して、それを前提にご褒美作戦を始めると、大きな失敗の原因になります。勉強が習慣になり、苦もなく行動できるようになったとしても、**その習慣を続けるべき理由が本人の中になければ、やめてしまう**ことも十分考えられます。

ですから、3年経っても5年経っても、子どもがご褒美目当てに頑張る状況が続くかもしれません。そうなってもいいつもりで準備をしておきましょう。

心得その② ご褒美は早さが大事

「時間割引」についてお伝えしたことを覚えているでしょうか。遠くにあるメリットは、価値が下がって感じるのでしたね。逆に、行動してすぐにご褒美があれば、それはとても価値が高く感じられます。勉強している「**まさにそのとき**」に優しい言葉・応援の言葉をかけられたりすると、最もやる気につながります。

「まさにそのとき」の次によいのは、「**行動した直後**」です。ご褒美をあげるならこのときがよいですね。

もちろん、勉強が終わってすぐにご褒美をあげるのは難しい場合もあるでしょうが、早ければ早いほどよいと思って、可能な限りすぐにご褒美をあげるようにしましょう。

心得その③ ご褒美は頻度が大事

勉強を習慣にするためには、何度も繰り返すことが必要です。何度も繰り返すためには、「やってよかった！　次も頑張ろう！」と思えることが大事です。ですから、**その都度その都度、ご褒美をあげられるのがベスト**ですね。「1週間の目標を達成したらご褒美」よりも、「1日の目標を達成したらご褒美×7」のほうが効果は大きくなります。

たくさんの頻度でご褒美をあげようと思ったら、必然的に1回あたりは小さなご褒美にせざるを得ません。そうでなければ継続できません。しかし、それで大丈夫です。心得その②でお伝えしたように、**すぐにもらえるご褒美は、小さなものでも価値が大きく感じられます**。ですから、ちゃんと効果があります。

以上、まとめると、

・ずっとあげ続けるつもりで
・小さなご褒美を
・可能な限りすぐに

子どもへのご褒美は、「ずっとあげ続けるつもりで」「小さなものを」「可能な限りすぐに」「頻繁に」あげることが大事

・何度も何度も

あげようということでした。

小さなご褒美を何度もあげるご褒美「小」作戦で、お子さんの行動を習慣まで導いてあげてくださいね。

ポイント

- ご褒美は永遠に出し続けるつもりでいること
- ご褒美は早さが大事である
- ご褒美は頻度も大事である

6-4

親が子どもの「良きお手本」になったほうがいい理由

あなたはどんな習慣を自分でも身に付けてみたいですか？　健康のために運動の習慣？　キャリアアップのために勉強の習慣？　あるいは、逆に習慣になってしまっている何かをやめたいですか？

日々完璧な行動ができている人などいません。あなたにもきっと、何かしら変えたいところがあると思います。本書で学んできた内容を生かして、ぜひともご自身の習慣も変えることに着手してみましょう。

あなたがお子さんと一緒に習慣化にチャレンジすることには、とても良い効果があります。まず一つは、子どもにとって良きお手本になれることです。

親の真似をする子どもの「習性」を利用する

私たち人の脳にはミラーニューロンという細胞があります。このミラーニューロンの働きにより、私たちは他人が考えていることや他人がしていることを、我がことのようにとらえます。そして、無意識に相手と同調してしまいます。

例えば、誰かがイライラしていると、自分までイライラしてしまったりしますよね。

あるいは、誰かが痛そうなケガをしたときなどは、自分も痛いような気持ちになったりしませんか？

親しい人が喜んでいるとき、悲しんでいるとき、我がことのように感じられたりしますよね。

これは心理学で「情動感染」と呼ばれています。

感情だけではありません。

「やろうとしていること」も感染します。これは「目標感染」と呼ばれます。

例えば、誰かが食べているおいしそうなものを自分も食べたくなったり、友達が持っているゲームソフトを自分も欲しくなったり。そして、家族が楽しそうにテレビを見ていると、自分もついつられて見てしまったり……。

そんな経験はあなたにもきっとあるのではないでしょうか？　こうした人の性質を上手

に使いましょう。

お子さんの前でお手本を示せば、あなたのお子さんのミラーニューロンが働き出し、あなたの真似をさせます。「一緒に良い習慣を作ろう」という目標を持ち、「一緒に行動しよう」という気持ちになります。

子どもは私たち大人の言う通りの行動をなかなかしてはくれません。しかし、子どもは私たち大人がしていることは真似します。

子どもの行動を促すには、**私たちがやって見せることが一番**です。

もう一つの良い効果は、**自分でもやってみると、習慣化の大変さがよくわかる**ということです。

習慣化の大変さを自分自身でも味わう

子どもがちゃんと勉強を続けられないと、イライラしてしまう親は多いですね。

「なんでちゃんと勉強しないの！」

そんな風に怒ったことがある方は多いものです。

でも、コツコツ努力を続けることは、そんなに簡単なことではありません。ついサボってしまう日があったりしながら、また立て直す。それを繰り返しながら、少しずつ前進していくものです。

そのときに大事なのは、**優しい気持ちで失敗を受け止めること**です。**5-4**でお伝えしましたね。

もし、自分も一緒に何かしらの習慣化にチャレンジしていたら、きっと自分だって失敗する日があるでしょう。そして、続けることの

もし、我が子を本好きの子どもにしたければ、親が自分で読書を心から楽しんでいる姿を見せるのが一番効果的

大変さが実感できるでしょう。

そうすれば、お子さんが失敗してしまったときに、優しい気持ちで見てあげられるはずです。口先だけの慰めや励ましの言葉ではなく、心から優しい励ましの言葉をかけてあげられます。

その応援は、**再チャレンジをしようとするお子さんのエネルギーになる**でしょう。

ということで、お子さんに対してとても良い影響がありますから、**あなたも一緒に習慣化にチャレンジ**してみてくださいね。

ポイント

- 親も子どもと一緒に行動の習慣化にチャレンジする
- 子どもにとっての良きお手本になり、真似される（情動感染）（目標感染）
- 自分でもやってみると、習慣化の大変さがよくわかる

6-5 親の「完璧主義」は子どもを壊してしまう

あなたは子どもに対して、ついつい「ああしなさい」「こうしなさい」と細かく頻繁に指示出しをしてしまったりしませんか？　中学受験のために塾通いをしていると、テストの前には良い点数を取らせてあげたいから、

「この勉強をしなさい」
「あの勉強をしなさい」
「そんなやり方じゃダメだ」

と口出しをしたくなってしまうこともあると思います。これは子どものためを思ってしていることですから、愛情の表れではあるわけです。

その気持ちは決して悪いものではありません。

しかし、こうした**過干渉**は、結果として子どもが将来うつ病になってしまったり、不安症になってしまったりするリスクが上がり、**子どもの人生の幸福度を下げることになってしまう**ので注意が必要です。

なぜそんなことが起こってしまうのでしょうか？　それは、親が子どものやっていることに干渉し過ぎると、子どもに「あなたのやっていることはダメだ」というメッセージを送ることになってしまうからです。

その結果、子どもは自分が完璧でないことを恐れるようになり、そんな自分を責めるようになってしまいます。

人は完璧な行動などできない

つまり、「完璧でなければいけない」と思っているのに完璧になれない結果、**常に自分のことを責め続けるようになってしまう**のです。

これは「**不適応な完璧主義**」と呼ばれ、先ほどお伝えしたようにうつ病・不安症の原因となり、子どもの人生の幸福度を下げる原因となります。

シンガポール国立大学などの調査でも、そうした過干渉な育てられ方をした子たちほど自分を批判する傾向が強く、**自己批判的な態度は抑うつ症状や不安の増加と相関関係がある**ことが確認されました。

子どものためを思ってしたことで、子どもの人生を不幸なものにしてしまう。できれば避けたいものですね。

まずは親自身が完璧主義を捨てる

では、そうならないためにはどうしたらよいのでしょうか?

それは、**失敗を恐れる完璧主義を親自身が手放す**ことです。過干渉になってしまうのは「子どもに失敗をさせたくない」からだろうと思います。ともすると、それは「自分の子育ての失敗」のように感じられるからかもしれません。

そうした失敗を恐れる気持ちが強いと、理想の状態と現実のギャップが目につき、物事を減点法で評価するようになってしまいます。そして、落胆や非難につながりがちです。

ですから、まず自分の中の不安や恐怖を手放していきましょう。

テストで悪い点数を取ることは「このやり方はうまくいかない」というデータが取れただけのことです。次に生かせば問題ありません。勉強の習慣を作ろうとしてつまずいた場合も同様です。失敗はそこで終わってしまうから失敗なのであって、**次に生かして成功に**

つなげていけるのであれば、それは成功のプロセスの一部です。現状をそのまま受け止めて、そのうえで、そこからどうすれば成功につなげられるかを考えていきましょう。

本書では、行動をコントロールして、思い通りの習慣を作り上げる方法をお伝えしてきました。しかし、こうした習慣化の技術を使ったとしても、それでも自分の行動をコントロールしていくことは簡単ではないでしょう。

まして、他者である子どもの行動を思い通りにコントロールするのは難しいことです。しかし、コントロールしようとして過干渉になってはいけません。あくまで主体となるのは子ども自身で、**私たち大人は、子どもが目標を達成するための方法を教える「サポーター」の役割**に徹するようにしていきましょう。

ポイント

- 過干渉は子どもの人生の幸福度を下げる
- 失敗を恐れる完璧主義を、まず親自身が手放す
- 大人は子どもが目標を達成する方法を教える「サポーター」

6-6

「何事も変えていける」と信じられる柔軟なマインドセットを持つ

本書では第1章で「自己コントロール力が高い子が成績優秀になる」というお話をしました。マシュマロ・テストをクリアできた我慢強い子は、将来、成績優秀になる確率が高かったと。ここでは、そのことを覆す話をしたいと思います。

このマシュマロ・テストに関して、ニューヨーク大学（米国）のテイラー・ワッツらが追試を行ったところ、「結果は限定的」だったそうです。

オリジナルのマシュマロ・テストでは、被験者がスタンフォード大学（米国）の関係者の子どもに限られていました。ワッツは、所得水準が低い家庭や教育水準が低い家庭も被験者に加え、より広範な家庭環境の子どもたちを対象にして再現実験を行いました。そして、「家庭の年収」といった要素もあわせて複合的に分析しました。

その結果、「2個目のマシュマロを手に入れたかどうか」は、子どもの家庭の経済的背景と相関が高いことがわかりました。裕福で教育水準が高い両親の子どもほど目の前の欲

望に強く、貧しくて両親が大学を出ていない家で育った子どもは、目の前の欲望に弱かったそうです。

また、子どもの長期的成功の要因としては「2個目のマシュマロを手に入れたかどうか」よりも、**その子の家庭が経済的に恵まれていたかどうか**のほうが重要であったそうです。

家庭環境が悪かったらあきらめるのか？

こうした結果を見たときに、あなたはどのような考えを持つでしょうか？　考えられるのは主に次の3つです。

①家庭環境が子どもの成績や将来の成功に与える影響が大きいなら、すでに将来はほぼ決まっている。だから特別なことは何もしなくてよい、と考える。

②家庭環境が子どもの成績や将来の成功に与える影響が大きいとしても、それ以外の要素もあるはず。できることに取り組もう、と考える。

③家庭環境が子どもの成績や将来の成功に与える影響が大きいなら、家庭環境を変えよう。裕福な家庭になれるように自分も努力し、今からでも学力を伸ばそう、と考える。

あなたはどれに当てはまりますか？　ちょっと意地が悪い質問だったかもしれませんね。家庭環境が子どもの学力や将来の成功に与える影響が大きいのは間違いありませんが、**それだけで子どもの将来が決まってしまうわけではありません**。

そもそも、マシュマロ・テストは「目の前の誘惑を我慢する」という自己コントロール力のごく一部の側面だけを試すものです。しかし、本書でお伝えしてきたように、人は長期的な目標のために目先の誘惑を我慢することはそもそも苦手で、**我慢強さに頼るのは負けやすいパターン**です。

それよりも、「**if-then プランニング**」や、「**行動そのものの中に楽しさを見出す**（仲間と一緒に楽しんで取り組む）」ことのほうがずっと効果的でした。

子どもが「自分で計画を立てられる」よう、「行動そのものに楽しさを感じられる」ように、自己コントロール能力を教えることが大事

これらの「**広い意味での自己コントロール力を発揮する技術を教えるほうが大事**」だということを、あらためて強調しておきたいと思います。

親自身が「何事も変えていける」と心から信じる

なぜこんな質問をしたかというと、**子どもがどんな考え方を持つかは、私たち親がどんな考え方を持っているかに影響されるから**です。

例えば、「生まれ持った知能は、学力に与える影響が大きい」という話を聞いたとき、あなたのお子さんはどのような考え方を持つでしょうか？

①知能が成績に与える影響が大きいなら、成績はほぼ決まっている。だから努力をしても仕方ない。

②知能が成績に与える影響が大きいとしても、それ以外の要素もあるはず。できることに取り組もう。

③知能が成績に与える影響が大きいなら、知能を伸ばそう。知能を伸ばすための努力もしよう。

先ほどの質問とよく似ていますよね。では、あなたのお子さんには、どのように考えて、どんな行動をしてほしいですか？

「知能は変わらない」と考えている子は、変えるための努力をしようとはしません。ですから、本人の考える通り、「知能は変わらない」という結果が実現します。

「知能は変えられる」と考えている子は、知能を伸ばすための努力をします。ですから、本人の考える通り、「知能が伸びる」という結果が実現します。

もし、子どもに「何事も変えていける」というマインドを持たせたいのであれば、**私たち大人がそのお手本となれるとよい**ですね。

ポイント

- 家庭環境だけで子どもの将来が決まってしまうわけではない
- 子どもがどんな考え方を持つかは、親がどんな考え方を持っているかに影響される
- 「何事も変えていける」というマインドを持たせたいなら、大人がそのお手本となる

6-7 子どもに伝えたいことは、自分も「心からそう思う」

いよいよ本書も最後の節となりました。子どもの習慣作りをサポートするための心構え、最後の一つをお伝えしようと思います。それは、タイトルにもあるように、**子どもに伝えたいことは、自分も心からそう思う**ことです。

成功をつかむためには、行動を習慣にし、積み重ねることが大切です。習慣になるまで行動を続けるためには、「やってよかった」と子どもに感じさせることが必要です。そのために、ご褒美作戦をうまく活用したり、子どもを褒めたり励ましたりして、乗せていくことが大切になってきます。

子どもを乗せるうえで特に大事なのが、「**親御さんの心**」です。なんだかんだで、子どもにとって一番のご褒美は、「**親が喜んでくれること**」だからです。

子どもの成長を心から喜べる親になる

親子が二人三脚でうまくいっているご家庭は、**親御さんが子どもの成長を楽しんでいま**

す。

「あれがまだできていない」

「あれもやらせなきゃ」

そんな完璧主義からの減点法ではなく、できるようになったことを加点法で評価しています。そうやって、親御さんが子どもの良いところを見つけて喜んでいると、その心は子どもに伝わります。そして、子どもはやる気になって、もっと頑張るようになってくれるんですね。

こうした心のあり方がなく、口先だけで心にもない褒め言葉を言ったり、あるいは子どもを釣るためのエサとしてご褒美をあげたりしても、やはり子どもは心から乗ることはできません。子どもは大人の気持ちを察する鋭い力をちゃんと持っています。

子どもの成長を心から喜べるようになりましょう。

そしてまた、口では「結果よりもコツコツ努力を積み重ねることが大事」と言いながら、テスト結果が悪くてがっかりするようなそぶりを見せてしまったら、それもやはり子どもには伝わります。子どもは私たち大人のことをよく見ています。「ああ、結局は目の前の結果を見てるんだな」と子どもは理解します。そうならないようにするために、**結果よりも努力が大事ということを心から信じましょう**。

「習慣によって人生が変わる」
「習慣作りの技術によって人生が変えられる」
「テストが悪かったときは、反省会をして成長するチャンスにする」

子どもに伝えたいメッセージは、すべて自分自身で「**心からそう思う**」ことが大切です。そうすれば、子どもにもちゃんと伝わります。私たちの脳には、思っていること・考えていることに共感する能力があるからです。

子どもだけでなく自分も変わる

ではどうすれば、自分の考え方を変えていくことができるのでしょうか？
その方法は、本書の第1章でお伝えしました。
覚えていますか？

考え方や性格も、**習慣化の技術で変えていくことができる**のでした。

まずは、理想的な自分の考え方や性格をイメージしてみてください。そして、そういう考え方・性格にふさわしい行動を考えてください。それから、その行動を自分の習慣にしていきましょう。その行動を繰り返すうちに、あなたの考え方と性格は、あなたの理想の状態に変わっていくはずです。

あなたが自分の行動と性格を習慣化の技術でコントロールできるようになったとき、あなたとお子さんの人生はすばらしいものに変わっています。

習慣化のチャレンジをぜひ楽しんでくださいね。

ポイント

- 子どもに伝えたいことは、自分も心からそう思う
- 子どもにとって一番のご褒美は、親が喜んでくれること
- 親子が二人三脚でうまくいっている家庭は、親が子どもの成長を楽しんでいる

先生のお話を伺ってから、うちの子はずいぶん変わりました！
そうですか。良かった！
むやみに頑張らせたり、精神論で追いつめたりしなくても、子どもはちゃんと勉強できるようになりますからね
最近は、新しいことを知ることが楽しかったり、できなかったことができるようになったりすることがうれしいみたいです
それはいい傾向ですね！
「努力をすれば自分は変われるんだ」と実感でき、『できなかったことができた』と思えたことは、この先の人生でもきっと役立つはずです
親が子どもの成長を楽しんでいるご家庭のお子さんは、中学受験でも良い結果を出すことが多いです
ぜひ、これからも楽しみながらお子さんをサポートして、見守ってあげてくださいね！
ありがとうございました！
いえいえ…
結局、誰だったんだ？

おわりに

この本を読み終えて、あなたはどんな感想を持たれましたか？

私がこの本を書きながらたびたび思ったのは、「小学生のころの自分に教えてあげたい」でした。

私は、小学校の夏休みの宿題をいつも8月末に慌ててやっていました。日記などは、まともに書けたためしがありません。

低学年のころはベネッセの『チャレンジ』もしていました。こちらもまた、毎月提出期限ぎりぎりになって慌ててやっていました。母に何度怒られたことかわかりません。

高学年になって、塾に通うようになりました。ここでも宿題は、提出日に学校から帰ってきてから、塾に行く前に慌ててやっていました。

あまりに勉強しない私にキレた母が、ベランダから塾の教材を投げ捨てたことも何度かありました。

もちろん怒られてションボリはするのですが、だからといってコツコツやれるようになったりはしませんでした。

今、子どもたちを指導する立場になって、**あのときの母の気苦労や心の痛み**がよくわかります。

「なんでちゃんと勉強しないの、あんたは！」

そう言いたくなりますよね。実際に母から何度も言われました。お子さんにこうしたことを言っている親は多いと思います。

あなたはどうでしょうか？

一方で、そう言われる側の子どもたちの気持ちもよくわかります。というよりも、あのころの自分の気持ちを覚えています。頑張ろうと決意したのに頑張れない。三日坊主に終わってしまう。そんな自分が情けない。悔しい。悲しい。

頑張らない子どもを見ている親もつらいでしょうが、**頑張れない子どものほうも同じようにつらい思いをしている**のだと思います。子どもに習慣を作る技術や習慣を変える技術を教えれば、どちらの苦しみもまとめて解決できます。

勉強でも、習い事でも、大人になってからの仕事でも、目標を決めて、理想の状態を手に入れるためにやるべきことを計画し、実行しながら手ごたえを感じて楽しむ。

子どもだったら勉強、大人だったら仕事は、起きている時間の大半を費やすものです。

この時間が苦痛なものか楽しいものかで、人生の幸福度は大きく変わると思います。

だから、**この本には子どもの人生を幸せにする力がある**と信じています。

そして、習慣化の技術は、親子関係も良くしていくことができます。

「怒らない、優しい親になろうと決めたはずなのに、また怒ってしまって自己嫌悪です。怒っても嫌な雰囲気が残るだけで、子どもの行動は結局、変わらない。なんで怒ってしまったんだろう」

「良いところを見つけて褒める親になろうと思っていたのに、気が付けば、また子どものミスを責める親になってしまっていました」

私のメルマガやユーチューブを見た方から、こうした感想をよくいただきます。

こうした「やってみようと思ったけれども続けられなかった」という方がとても多いのです。とてもつらい状況ですよね。

大人でも、自分の習慣を変えることはとても難しいのです。

でも、そうした悩みがあったとしても、それは**今日で終わり**にできます。

そうした方たちは、習慣化の技術を知らなかったから、これまで自分の行動を変えられずに苦しんでいたのです。**ちゃんと技術を知った上で活用すれば、良い行動を習慣化して**

いくことは可能です。

子育ての目的は何ですか？　まずは目的を明確にすることから始めましょう。**親子で笑顔になることは、大きな目的の一つ**ではないでしょうか。

そして、その目的につながる行動は何ですか？　行動目標を決めましょう。

「怒ること」のような、目的につながらない、嫌な後味が残るだけの行動は、どんどん減らしていきましょう。

良い行動ができたかどうかを計測しましょう。子どもの良いところにいくつ気が付いて声かけをできたか数えてみるのはとてもオススメです。褒め上手な親になれますよ。

良い行動ができたときには、自分を褒めてあげましょう。自分にご褒美をあげてみるのはいかがですか？　子どもへの働きかけ方が変われば、子どもの行動も変わっていきます。

親子で良い習慣を作ることができれば、親子で笑顔も増えてくるはずです。仕事や勉強以上に、親子関係が良好であることは、人生の幸福につながっていると思います。

習慣には大きな力があります。本書の内容を楽しみながら実践して、充実した日々を過ごしていただければと思います。

伸学会代表　菊池洋匡

主要参考文献

Boreom Lee, Ji-Young Park, Wi Hoon Jung, Hee Sun Kim, Jungsu S Oh, Chi-Hoon Choi, Joon Hwan Jang, Do-Hyung Kang, Jun Soo Kwon, “White matter neuroplastic changes in long-term trained players of the game of "Baduk" (GO) : a voxel-based diffusion-tensor imaging study”
Wi Hoon Jung, Sung Nyun Kim, Tae Young Lee, Joon Hwan Jang, Chi-Hoon Choi, Do-Hyung Kang and Jun Soo Kwon, “Exploring the brains of Baduk (Go) experts : gray matter morphometry, resting-state functional connectivity, and graph theoretical analysis”
Terrie E. Moffitt, Louise Arseneault, Daniel Belsky, Nigel Dickson, Robert J. Hancox, HonaLee Harrington, Renate Houts, Richie Poulton, Brent W. Roberts, Stephen Ross, Malcolm R. Sears, W. Murray Thomson, and Avshalom Caspi, “A gradient of childhood self-control predicts health, wealth, and public safety”
Angela L. Duckworth, Martin E. P. Seligman, “Self-Discipline Outdoes IQ in Predicting Academic Performance of Adolescents”
Lex Borghans, Bart H. H. Golsteyn, James J. Heckman, and John Eric Humphries, “What grades and achievement tests measure”
Roberts B. W. , DelVecchio W. F. , “The rank-order consistency of personality traits from childhood to old age : A quantitative review of longitudinal studies”
Kentaro Fujita, Yaacov Trope, Nira Liberman, and Maya Levin-Sagi, “Construal Levels and Self-Control”
Hal Ersner-Hershfield, M. Tess Garton, Kacey Ballard, Gregory R. Samanez-Larkin, and Brian Knutson, “Don't stop thinking about tomorrow : Individual differences in future self-continuity account for saving”
Hal E. Hershfield, Daniel G. Goldstein, William F. Sharpe, Jesse Fox, Leo Yeykelis, Laura L. Carstensen, Jeremy N. Bailenson, “Increasing Saving Behavior Through Age-Progressed Renderings of the Future Self”
Martin Oscarsson, Per Carlbring, Gerhard Andersson, Alexander Rozental, “A large-scale experiment on New Year's resolutions : Approach-oriented goals are more successful than avoidance-oriented goals”
Marina Milyavskaya, Michael Inzlicht, “What's So Great About Self-Control? Examining the Importance of Effortful Self-Control and Temptation in Predicting Real-Life Depletion and Goal Attainment”
James E Painter, Brian Wansink, Julie B Hieggelke, “How visibility and convenience influence candy consumption”
Gollwitzer, Peter M. , “Implementation intentions : Strong effects of simple plans”
Kaitlin Woolley, Ayelet Fishbach, “Immediate Rewards Predict Adherence to Long-Term Goals”
Navin Kaushal, Ryan E Rhodes, “Exercise habit formation in new gym members : a longitudinal study”
Ayelet Fishbach, Ravi Dhar, “Goals as Excuses or Guides : The Liberating Effect of Perceived Goal Progress on Choice”
Anirban Mukhopadhyay, Jaideep Sengupta, Suresh Ramanathan, “Recalling Past Temptations : An Information-Processing Perspective on the Dynamics of Self-Control”
Michael J. A. , Timothy A. Pychyl. , Shannon H. Bennett. , “I forgive myself, now I can study : How self-forgiveness for procrastinating can reduce future procrastination”

Adams, Claire E. Leary, Mark R. , "Promoting self-compassionate attitudes toward eating among restrictive and guilty eaters"
Simon Condliffe, Ebru Işgın, Brynne Fitzgerald, "Get thee to the gym! A field experiment on improving exercise habits"
Rebecca Koomen, Sebastian Grueneisen, Esther Herrmann, "Children Delay Gratification for Cooperative Ends"
Ryan Y. Hong, Stephanie S. M. Lee, Ren Ying Chng, Yuqi Zhou, Fen-Fang Tsai, Seok Hui Tan, "Developmental Trajectories of Maladaptive Perfectionism in Middle Childhood"
Tyler W. Watts, Greg J. Duncan, Haonan Quan, "Revisiting the Marshmallow Test：A Conceptual Replication Investigating Links Between Early Delay of Gratification and Later Outcomes"

●菊池洋匡（きくち　ひろただ）

中学受験「伸学会」代表。算数オリンピック銀メダリスト。開成中学校・高等学校、慶應義塾大学法学部法律学科卒業。10年間の塾講師歴を経て、2014年に中学受験専門塾「伸学会」を自由が丘に開校し、現在は目黒・中野を合わせて3教室に加え、オンライン指導も展開。「自ら伸びる力を育てる」というコンセプトで「ホームルーム」という独自の授業を実施し、スケジューリングやPDCAといったセルフマネジメントの技術指導に加え、成長するマインドセットのあり方を育てるコーチングをしている。これらはすべて最新の教育心理学の裏付けがあり、エビデンスにもとづいた授業に対して、特に理系の父母からの支持が厚い。伸学会の指導理念と指導法はメルマガとYouTubeでも配信し、現在、メルマガは約9,000人、YouTubeは約64,000人の登録者がいる。伸学会の生徒の9割以上は口コミによる友人紹介と、メルマガおよびYouTubeを見ているファンの中から集まっている。著書に『「やる気」を科学的に分析してわかった小学生の子が勉強にハマる方法』『「記憶」を科学的に分析してわかった小学生の子の成績に最短で直結する勉強法』（実務教育出版）などがある。

●伸学会

https://www.singakukai.com/

メルマガ登録は
こちらのQRコードから

YouTubeチャンネルは
こちらのQRコードから

小《しょう》学《がく》生《せい》の勉《べん》強《きょう》は習《しゅう》慣《かん》が9割《わり》

自《じ》分《ぶん》から机《つくえ》に向《む》かえる子《こ》になる科《か》学《がく》的《てき》に正《ただ》しいメソッド

2021年12月10日　初版第1刷発行
2023年 2 月20日　初版第3刷発行

著　者　菊池《きくち》洋匡《ひろただ》
発行者　小川 淳
発行所　SBクリエイティブ株式会社
〒106-0032　東京都港区六本木2-4-5
営業　03(5549)1201
装　丁　西垂水 敦・松山千尋(krran)
イラスト　伊藤ハムスター
組　版　笹沢記良(クニメディア株式会社)
校　正　ペーパーハウス、曽根信寿
編　集　石井顕一(SBクリエイティブ)
印刷・製本　株式会社シナノ パブリッシング プレス

本書をお読みになったご意見・ご感想を下記URL、QRコードよりお寄せください。
https://isbn2.sbcr.jp/07784/

978-4-8156-0778-4